Suppenglück

Ein Suppenkochbuch von Sonja Riker
mit Fotos von Patrick Wittmann

INHALT 3

Vorwort 5

Energiespender
    ... wecken die Lebensgeister und stellen unsere innere Uhr
       auf die warme Jahreszeit um. 11

Bauchwärmer
    ... sind weich, cremig, samtig und an grauen Herbsttagen
       genau das richtige Essen. 29

Alleskönner
    ... geben unserem Immunsystem den nötigen Kick, um den
       Winter zu überstehen. 47

Sattmacher
    ... sind geniale Mahlzeiten für die kühle Jahreszeit. 65

Seelentröster
    ... sind Kindheitssuppen: Ein bestimmter Geruch, ein einzig-
       artiger Geschmack und das Gefühl von Geborgenheit. 83

Alltagserfrischer
    ... sind leicht, aber schwer in Ordnung. 101

Schlankmacher
    ... machen gute Laune und sind einfach zu kochen. 119

Glücksbringer
    ... sind die Juwelen im Suppentopf, sie begleiten uns wie
       ein Talisman durchs Jahr. 137

Die Basis zum Suppenglück
    Brühe & Fond. Gewürze. Werkzeuge. 157

Alphabetisches Rezeptverzeichnis 172
Danke 175
Impressum 176

Meine Suppenleidenschaft verdanke ich meiner Tochter Sarah – denn ohne ein warmes Mittagessen drohte der Rest des Tages immer zum Jammertal zu werden.
Die Suppe wurde für mich als voll Berufstätige zum Rettungsanker:
Sonntags haben wir einen Topf mit Huhn oder Rindfleisch auf den Herd gestellt, mit Wasser aufgefüllt und ein paar Stunden vor sich hin köcheln lassen. Mit frischem Gemüse und feinen Gewürzen bildete das die Grundlage für die kommende Woche. Die Montagssuppe haben wir mit Nudeln „aufgewertet". Dienstags schwamm dann viel Gemüse im Topf, aber „nur" Gemüse war nicht gerade die Kinder-Traummahlzeit. Also hat der Pürierstab die Stückchen zerkleinert und die Gemüsesuppe in ein Crèmesüppchen verwandelt. Mit einem Klecks Créme fraîche war die „Inselsuppe" geboren.
Das absolute Kinder-Highlight war die Mittwochssuppe: Restbrühe mit Pfannkuchenstreifen für die Prinzessin und pur als Schlankmacher für die Mami.
Damit war ich der Pizza-Pasta-Falle im Alltag entkommen, habe viel experimentiert und etwas herausgefunden: Ein „Topping" (frische Kräuter, Sprossen, Nüsse u.v.m.) ist die echte Suppenkrönung. So sind wir dann endgültig zu richtigen Suppenfans geworden.
Denn Suppe enthält alles, was Leib und Seele guttut: Flüssigkeit, Vitamine, Mineralien, Kohlenhydrate, Ballaststoffe. Ob wolkig oder klar, ob cremig, samtig, deftig oder federleicht: Suppen sind fantastische und kreative Gerichte, die jeder leicht zubereiten kann.

Später war ich beruflich viel unterwegs und bin in Restaurants auf kümmerliche Suppenkarten gestoßen: Tomatensuppe, Brühe mit „Einlage", Minestrone – und das war's dann auch schon. Häufig eine „Resterampe" und nur selten ein Highlight.

In London und New York entdeckte ich schließlich die „Soup Kitchens". Hier trafen sich den ganzen Tag über Menschen aus dem Stadtviertel. In den winzigen Läden bestellten die Gäste, meist müde und grau vom Alltagsstress, ihre Suppe und reichten später lächelnd und gestärkt ihre leeren Schüsseln über die Suppentheke zurück. Eine schlichte, herzliche Gastlichkeit, Stimmengewirr, wohlige Wärme, faszinierende Bilder und Geräusche, all das prägte sich mir tief ein. Dass dies ein(e) Beruf(ung), ja eine Leidenschaft werden könnte, war mir lange nicht klar, auch wenn ich am Kochen und an Gästen immer viel Spaß gehabt hatte.

Meine innere Bereitschaft, meinen Arbeitsplatz in einem Großunternehmen mit all seinen Sicherheiten und Hierarchien gegen 25 Quadratmeter Suppenladen auf dem Elisabethmarkt in München-Schwabing einzutauschen, wurde mir erst bewusst, als eine lähmende Unzufriedenheit mit dem Beruf sich in mir ausgebreitet hatte. So wurde in einem Sommerurlaub die Idee für einen eigenen Laden geboren: „SuSa – Suppe, Saft und Gewürze", und ich bin fast von heute auf morgen in den Suppentopf gesprungen. Als Journalistin hatte ich gelernt, Fragen zu stellen und nach Antworten zu suchen. Und ich hatte viele Fragen! Außerdem wusste ich aus Erfahrung, dass ich kein Einzelkämpfer bin und Unterstützung brauchen würde. Als ich meiner Familie und meinen Eltern von meiner Idee erzählte, ergab sich daraus ein „Erste-Hilfe-Plan". Wer konnte für den Anfang beim Mittagsgeschäft mithelfen? Ohne dass dies so gedacht war, haben meine Eltern und meine Familie ein Unternehmen mit hochgezogen und helfen bis heute, dass der Laden läuft.

Wie jeder Handwerker habe ich Lehrgeld bezahlt, Fehler gemacht, bin hingefallen und wieder aufgestanden. Ich weiß sehr genau, wie sich ein Arbeitstag von 16 Stunden ohne Pause anfühlt. Ich bin unendlich dankbar, dass ich meine Eltern, ihre Fähigkeiten und Erfahrungen, noch einmal ganz neu kennenlernen konnte und wir die Chance zu einem ganz eigenen „Generationenhaus" erhalten haben. Und ich bin froh und glücklich, dass daraus – und aus ein paar Extralitern Leidenschaft, rund 400 Gramm Ideen und zentnerweise frischen Zutaten – auch noch ein Suppenkoch-Buch entstanden ist.

Mein persönliches Suppencredo steht jede Woche auf unserer Speisekarte: „SuSa – Suppenglück!"

SuSa
Suppen-glück

* Karibische Kartoffelsuppe m. frischer Ananas
* Schwarzwurzelcreme mit Sesam
* Hühnersuppe mit Zitronengras & Wintergemüse
* Maiscremesuppe mit Cayennepfeffer

Energiespender

Endlich! Draußen wird es langsam wieder heller, wie herrlich! Jetzt können wir unsere Batterien aufladen, das erste Grün spitzt aus dem Boden und die Luft riecht nach Frühling. Unsere Energiespender-Suppen wecken die Lebensgeister und stellen unsere innere Uhr auf die warme Jahreszeit um. Das erste Mal draußen sitzen, über den Markt schlendern und frische Kräuter kaufen: Basilikum, Minze, Rosmarin, Rucola, Melisse, Liebstöckel, Kerbel, Bohnenkraut – da tanzt die Suppenschüssel!

Italienische Kartoffelsuppe mit Rucola und Parmesan

Für vier Personen

1 große Zwiebel
Olivenöl zum Andünsten
2 EL getrocknete Tomatenflocken oder 80 g eingelegte getrocknete Tomaten
2 Stängel Staudensellerie
2 Karotten
800 g festkochende Kartoffeln
1½ l Gemüsebrühe
2 EL schwarze Oliven ohne Stein
2 EL Kapernäpfel mit Stiel, eingelegt und abgegossen
Salz und frisch gemahlener Pfeffer nach Geschmack
1 TL frischer Thymian

Topping:
4 EL grob geriebener Parmesan
1 Bund frischer Rucola

Zwiebel schälen und fein würfeln. Kartoffeln schälen und in mundgerechte Würfel schneiden. Zwiebelwürfel mit den getrockneten Tomatenflocken in Olivenöl bei kleiner Hitze etwa zehn Minuten andünsten. (Falls Sie eingelegte Tomaten verwenden, diese zuvor sehr fein hacken.) Staudensellerie und Karotten putzen, fein würfeln und kurz mitdünsten. Dann die Kartoffeln zugeben und mit der Gemüsebrühe ablöschen. Etwa 15 Minuten köcheln lassen, dann die Oliven (falls Sie eingelegte Oliven verwenden, vorher abgießen) und die abgegossenen Kapernäpfel untermischen.
Mit Salz, Thymian und frisch gemahlenem Pfeffer würzen. Suppe in tiefen Tellern anrichten, mit Rucola und frisch geriebenem Parmesan servieren.

Getrocknete Tomatenflocken ohne Zusätze bekommen Sie in gut sortierten Gewürz- oder Feinkostläden. In Frühjahr und Winter ist das Aroma der getrockneten Tomaten intensiver als das der frischen Tomaten. In Öl eingelegte getrocknete Tomaten eignen sich gut für Wintereintöpfe.

Kohlrabi-Kokos-Eintopf mit Zitronenmelisse

Für vier Personen

800 g Kohlrabi mit Blattgrün
2 Zwiebeln
3 EL Butter zum Andünsten
½ Bio-Zitrone: Saft und abgeriebene Schale
1 l Kokosmilch, ungesüßt
1 TL Chiliflocken
½ l Gemüsebrühe
½ Bund frische Zitronenmelisse
Salz zum Abschmecken

Kohlrabi schälen und mit einem Handhobel oder dem entsprechenden Aufsatz der Küchenmaschine in dünne Scheiben schneiden. Kohlrabiblätter waschen, mit einem großen, scharfen Messer fein hacken. Zwiebeln häuten, fein würfeln und in der Butter im Topf andünsten. Chiliflocken, abgeriebene Zitronenschale und das Kohlrabigrün dazugeben. Bei kleiner Hitze ein paar Minuten lang dünsten. Dann die Kohlrabischeiben und den Zitronensaft untermischen, den Eintopf anschließend mit Kokosmilch und Gemüsebrühe aufgießen. Einmal aufkochen lassen, aber nur kurz, denn das Gemüse sollte bissfest bleiben. Mit Salz abschmecken und vor dem Servieren die frisch gehackte Zitronenmelisse unterziehen.

Dieser Energiespender gehört zu meinen Lieblingseintöpfen, als Hauptgericht mit knusprigem Bauernbrot oder als feine Vorspeise. Sollten Sie keine frische Zitronenmelisse haben, dünsten Sie zusammen mit den Zwiebeln angequetschte Zitronengrasstängel an. Das ergibt ein frisches, asiatisches Aroma. Wenn der Eintopf fertig ist, nehmen Sie die Stängel einfach wieder heraus. Probieren Sie dieses Suppengericht einmal mit frischem Fenchel, und verwenden Sie auf jeden Fall immer auch das Blattgrün des Gemüses. Fenchel harmoniert besonders fein mit frischem Dill.

Karotten-Mango-Basilikum-Suppe mit Cajun-Hühnchen-Spieß

Für vier Personen

600 g Karotten
2 EL Olivenöl
2 Zwiebeln
¼ Espressolöffel Cayennepfeffer
1¼ l Gemüsebrühe
1 EL Limettensaft
2 kleine Mangos
½ Bund frisches Basilikum
Salz
1 Hühnerbrustfilet
2 Teel Cajun-Gewürzmischung (Rezept s. S. 168)

Mangos schälen, würfeln, zur Seite stellen. Karotten schälen und in grobe Stücke schneiden, Zwiebeln häuten und vierteln. Beides mit Cayennepfeffer in Olivenöl andünsten. Mit Limettensaft und Gemüsebrühe aufgießen und weich kochen. Die Suppe vom Herd nehmen, die Hälfte des Mangofruchtfleischs zur Suppe geben und alles pürieren.
Die Hühnerbrustfilets in dünne Scheiben schneiden, mit der Cajun-Gewürzmischung einreiben, auf die Holzspieße „auffädeln" (s. Abbildung) und in Olivenöl kurz durchbraten. Zum Warmhalten in Alufolie wickeln und ruhen lassen.
Die Suppe mit Salz, Limettensaft und Cayennepfeffer abschmecken. Das Basilikum waschen, fein schneiden und mit den restlichen Mangowürfeln zu einem Topping vermengen. Auf der Suppe anrichten und den Cajun-Hühnchen-Spieß über die Suppenschale legen.

Kerbel-Kokos-Suppe

Für vier Personen

1 Bund Frühlingszwiebeln
3 EL Butter
250 g Kartoffeln, mehlig
1 l Kokosmilch, ungesüßt
¼ l Gemüsebrühe
250 g frischer Kerbel – ein paar Blättchen zum Garnieren zurückbehalten
2 Msp Muskatblüte, gemahlen
1-2 TL Limettensaft
Salz und frisch gemahlener Pfeffer nach Geschmack

Frühlingszwiebeln waschen, mit dem Grün grob hacken und in der Butter andünsten. Geschälte und groß gewürfelte Kartoffeln dazugeben, mit Kokosmilch und Gemüsebrühe aufgießen und weich kochen. Den Topf vom Herd nehmen, mit Limettensaft, gemahlener Muskatblüte sowie Salz und Pfeffer abschmecken und pürieren. Den gewaschenen Kerbel – Stiele und Blätter – mit der Hälfte der Suppe in einem hohen Gefäß pürieren, den Rest unter die Kerbel-Kartoffel-Masse mischen und mit frischen Kerbelblättern bestreuen. Dieser Energiespender ist eine tolle Vorspeise und – in Glasschüsselchen angerichtet – eine besondere Augenweide.

Für diese Frühlingssuppe sind viele Kräuter gewachsen: Basilikum, Rucola oder eine Mischung aus Zitronenmelisse, Liebstöckel, Petersilie und Bohnenkraut. Finden Sie heraus, welche Mischung Sie selbst favorisieren! Im Sommer können Sie auch frische Blüten (etwa von der Kapuzinerkresse) in der Suppe schwimmen lassen. Mit ihren leuchtenden Farben verbreiten die Blüten pure Sommerlaune und verleihen dem Gericht eine angenehme, leichte Schärfe.

Gemüseeintopf Provençal mit Lavendel

Für vier Personen

1 Zwiebel
2 EL Olivenöl zum Andünsten
1 gelbe Paprika
2 mittelgroße Zucchini
1 kleine Aubergine
4 reife Tomaten
1 l Gemüsebrühe
¼ l trockener Rotwein
Salz und frisch gemahlener Pfeffer nach Geschmack
1 EL getrocknete Lavendelblüten
4 EL Crème fraîche

Zwiebeln schälen und in feine Würfel schneiden. Gemüse säubern und in unterschiedlich große, aber mundgerechte Stückchen schneiden, da die Zutaten verschiedene Härtegrade und Garzeiten haben. Paprika und Auberginen eher kleiner, die Zucchini ein bisschen größer würfeln. Tomaten mit heißem Wasser überbrühen, kalt abschrecken und häuten, danach vierteln. Die Zwiebel- und Auberginenwürfel in Olivenöl andünsten, nach etwa fünf Minuten die Paprikastückchen, dann die Tomaten untermischen. Die Gemüse gut verrühren, mit dem Rotwein ablöschen, anschließend mit der Gemüsebrühe aufgießen. Bei kleiner Hitze etwa sieben Minuten köcheln lassen. Die Zucchini und Lavendelblüten zum Eintopf geben und noch mal fünf Minuten garen, die Zucchini sollen noch bissfest sein. Mit Salz und Pfeffer abschmecken, mit einem Klecks Crème fraîche und ein paar Lavendelblüten garniert servieren.

Mit Hackfleischbällchen (Rezept s. S. 70) wird dieser Sommereintopf zu einem perfekten Abendessen für Family & Friends. Die klein gerollten Hackfleischbällchen mit den Zucchini in den Topf geben und garen lassen.

Erbsen-Minze-Suppe mit Joghurthäubchen

Für vier Personen

2 Frühlingszwiebeln mit Grün
2 EL Butter
500 g Erbsen, frisch ausgehülst oder Tiefkühlware
¾ l Gemüsebrühe
¼ l trockener Weißwein
½ Bund frische Minze
1 EL Zitronensaft
2 Msp grüner Pfeffer, frisch gemahlen
Salz nach Geschmack
4 EL griechischer Joghurt
1 TL Garam-Masala-Gewürzmischung, pulverisiert
Salz nach Geschmack

Frühlingszwiebeln putzen, zusammen mit dem Grün grob hacken und in der zerlassenen Butter andünsten. Die Erbsen dazugeben, mit Gemüsebrühe und Weißwein aufgießen und weich kochen. Den Topf vom Herd nehmen, die gewaschene Minze zugeben und alles sehr fein pürieren, mit Salz und Pfeffer abschmecken. Das Garam Masala in den Joghurt einrühren. Die Suppe in Gläser füllen, auf jede Portion ein Joghurthäubchen setzen, mit einem Minzeblatt garnieren und lauwarm servieren.

Dieses Süppchen können Sie auch kalt als Aperitif auf einem Gartenfest reichen. Einfach am Vortag fertig kochen, über Nacht kühl stellen und vor dem Essen noch einmal frisch aufschlagen. Zum Luxus wird dieses Rezept, wenn Sie es mit einem Garnelen- oder Lachsspießchen garnieren. (Dazu Würfel aus rohem Lachs in schwarzem Sesam wälzen, mit Pfeffer würzen und auf Schaschlikspießchen stecken.)

Sommergemüse-Eintopf mit Kalbsbrät-Kräuternockerln

Für vier Personen

1 rote Paprika
200 g Karotten
300 g Fenchel
150 g breite grüne Bohnen
250 g Zucchini
2 EL Rapsöl zum Andünsten
1½–2 l Gemüsebrühe
1 Bio-Orange: Saft und Schale
½ Espressolöffel Anis, gemahlen
¼ Espressolöffel gemahlener schwarzer Pfeffer

250 g frisches Kalbsbrät vom Metzger
½ Bund frischer Schnittlauch
½ Bund frische Petersilie
½ Bund frisches Bohnenkraut

Alle Gemüse waschen, putzen und in mundgerechte Stücke schneiden. Rapsöl erhitzen, Paprika, Karotten, Fenchel und Bohnen andünsten. Abgeriebene Orangenschale, schwarzen Pfeffer, Anis und Orangensaft dazugeben, mit Gemüsebrühe aufgießen und etwa acht Minuten kochen. Das Gemüse sollte noch SEHR bissfest sein. Zu diesem Zeitpunkt die Zucchini untermischen (Gemüse mit sehr kurzer Garzeit), etwa vier bis fünf Minuten weiter köcheln lassen. Währenddessen die Kräuter fein hacken und die Hälfte mit dem frischen Kalbsbrät vermengen. Den Herd ausschalten, mit einem Teelöffel kleine Nockerln aus dem Kräuterkalbsbrät abstechen und ein paar Minuten lang in der heißen Suppe ziehen lassen. Die restliche Kräutermischung über die Suppe streuen.

Wurzelsuppe mit Liebstöckel

Liebstöckel – auch als „Maggikraut" bekannt – besitzt einen sehr intensiven frisch-würzigen Geschmack. Hartnäckig hält sich die Behauptung, dieses Kraut wäre Bestandteil der Maggiwürze. Ist aber gar nicht wahr!

```
Für vier Personen

etwa 200 g Knollensellerie
300 g Karotten
2 Petersilienwurzeln
½ Bund Frühlingszwiebeln
2 EL Butter
Schwarzer Pfeffer und Salz nach Geschmack
1 l Gemüsebrühe
¼ l Buttermilch
½ Bio-Zitrone: abgeriebene Schale
½ Bund frischer Liebstöckel
```

Knollensellerie, Karotten und Petersilienwurzeln waschen, schälen und grob würfeln. Frühlingszwiebeln mit dem Grün in breite Ringe schneiden und in Butter andünsten. Das Wurzelgemüse und die abgeriebene Zitronenschale dazugeben, mit Brühe aufgießen, alles weich kochen und pürieren. Zwei Schöpflöffel voll von der Suppe abnehmen, frischen Pfeffer hinzufügen und in einem hohen Gefäß (z.B. Messbecher) mit der Buttermilch aufschlagen.
Achten Sie darauf, dass die Suppe nicht mehr kocht, sonst gerinnt Ihnen die Buttermilch und flockt aus. Die Buttermilchmischung unter die Suppe ziehen und mit frisch gehacktem Liebstöckel servieren. (Sollten Sie die Suppe erst später verwenden wollen, denken Sie daran, sie langsam zu erwärmen und JA NICHT mehr zu kochen.)

Bauchwärmer

... sind weich, cremig, samtig und an grauen Herbst- und Wintertagen genau das richtige Essen für den kleinen oder großen Hunger. Gewürze und Kräuter wie Anis und Salbei, Rosmarin oder Muskat sind echte „Bauchfreunde". Ihre ätherischen Öle wirken wärmend und helfen uns so über die kalte Jahreszeit. Ob als Vorspeise zu einem mehrgängigen Menü oder als Hauptspeise mit einem frischen Holzofen-Butterbrot oder einem deftigen Vollkornbrot: Diese Suppen machen einfach glücklich!
Suppen mit Fisch am besten frisch genießen.
Für alle anderen gilt: Kochen Sie ein „Doppelpack": eine Mahlzeit für gleich, den Rest für später. Unsere Bauchwärmer lassen sich problemlos einfrieren.

Goldene Maiscrèmesuppe mit Chiliflocken

Diese Suppe ist eine kräftige und sättigende Mahlzeit, da Mais einen hohen Stärkeanteil besitzt. Besonders gut passen gebratene Hackfleischbällchen dazu (Rezept für den Fleischteig, s. S. 70). Die Bällchen in einer beschichteten Pfanne braten und auf einen Schaschlikspieß gesteckt zur Suppe servieren.

Für vier Personen

800 g Maiskörner aus der Dose
2 EL Rapsöl zum Andünsten
2 Zwiebeln
½ Espressolöffel getrocknete Chiliflocken
½ l Sahne
½ l Gemüsebrühe
Zitronensaft nach Geschmack

Zwiebeln häuten, fein würfeln und in einem Topf in Öl andünsten, Chiliflocken daruntermischen. Die Maiskörner in ein Sieb abgießen, mit kaltem Wasser abspülen und dazugeben. Mit Sahne und Gemüsebrühe aufgießen und bei mittlerer Temperatur eine halbe Stunde lang köcheln lassen. Dann die Suppe pürieren und durch ein Passiersieb streichen, um die festen Schalen zurückzuhalten. Die Suppe noch einmal mit dem Pürierstab cremig aufschlagen, mit Salz und Zitronensaft abschmecken und mit frischem Schnittlauch bestreut servieren.

Fenchel-Fischsuppe mit Anis

Für 4 Personen

1 kg Fenchel
2 Zwiebeln
2 EL brauner Zucker
3 EL Butter
¼ l Weißwein
½ Bio-Zitrone: Saft und abgeriebene Schale
½ Espressolöffel Anis
2 Msp Vanille, gemahlen
Pfeffer nach Geschmack
1 ¼ l Gemüsebrühe
800 g Fischfilets, z.B. Pangasius
½ Bund frischer Dill

Fenchel waschen, putzen und in mittelgroße Stücke schneiden. Zwiebel häuten und würfeln. Den braunen Zucker in den Suppentopf geben, sodass der Boden bedeckt ist, und bei mittlerer Hitze schmelzen lassen, d.h. den Zucker karamellisieren. Wenn das Karamell ein schönes Braun zeigt und der Zucker sich völlig aufgelöst hat, die Butter zufügen und mit dem Kochlöffel einen cremigen Butterkaramell aufschlagen. Zwiebeln, Anis, Vanille und Fenchelwürfel untermischen, mit Weißwein und Gemüsebrühe ablöschen. Das Gemüse weich kochen, pürieren, dann die Suppe in einem Standmixer oder nochmals mit dem Pürierstab mindestens fünf Minuten lang cremig aufschlagen. Mit Salz, Pfeffer, Zitronensaft und abgeriebener Zitronenschale abschmecken. Die Fischfilets in Streifen schneiden und in der heißen Suppe fünf Minuten garen lassen. Mit frischem Dill anrichten.

Keine Angst vor Karamell! Zwei Grundregeln sind dabei wichtig: Gelassenheit und der richtige Zeitpunkt. Stellen Sie Ihren Herd auf mittlere Hitze, damit der Zucker im Topf langsam karamellisieren kann. Je dunkler der Karamell, desto kräftiger sein Geschmack. Natürlich soll der Zucker nicht verbrennen, denn dann wird der Karamell bitter. Erkalteten Karamell lösen Sie einfach vom Topf- oder Pfannenboden, indem Sie den Topf oder die Pfanne mit Wasser füllen und wieder erhitzen. Dann lässt sich der Karamell leicht entfernen.

Tomatencrèmesuppe mit getrockneten Aprikosen, Salbei und Olivenbrot-Croutons

Für 4 Personen

150 g getrocknete Aprikosen
2 kleine Zwiebeln
2 EL Olivenöl zum Andünsten
¼ Bund frischer Salbei
Salz und schwarzer Pfeffer nach Geschmack
600 g Tomaten, frisch oder aus der Dose
½ l Gemüsebrühe

Olivenbrot für Croutons
Olivenöl

Aprikosen in feine Streifen schneiden, Zwiebeln häuten und würfeln. Olivenöl im Topf erhitzen, zuerst die Zwiebeln andünsten, dann die Aprikosen hinzufügen. Gute fünf Minuten dünsten, die Tomaten untermischen und die Suppe eine halbe Stunde einkochen lassen. Mit Salz, Pfeffer und Gemüsebrühe abschmecken. Den gehackten Salbei unter die Suppe ziehen und mit dem Pürierstab sehr cremig aufschlagen. Mit frischem Olivenbrot oder in einer Pfanne angerösteten Croutons servieren. Salbei-Fans frittieren ein paar Blätter in der Pfanne in heißem Olivenöl und geben diese als Topping auf die Suppe.

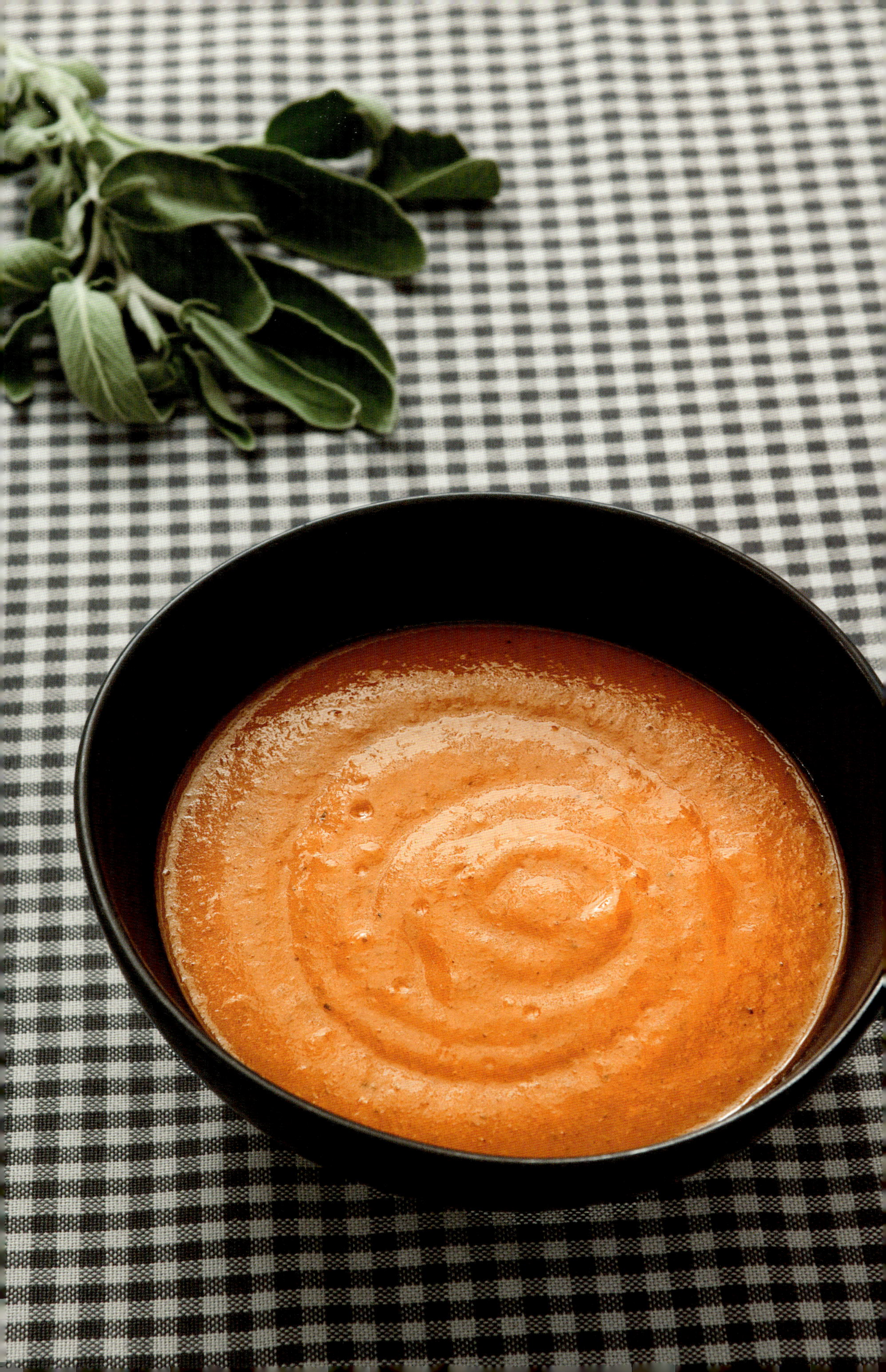

Schwarzwurzelcrèmesuppe mit Vanille-Sesam-Häubchen

Für vier Personen

1 kg Schwarzwurzeln
Für das Essigwasser 2 l Wasser mit 1-2 El Essig verrühren
3 EL Butter
1 l Gemüsebrühe
¼ l Weißwein
1 EL schwarze Sesamsaat
Vanillesalz
¼ l Sahne

Schwarzwurzeln (Küchenhandschuhe!) unter fließendem Wasser abbürsten, mit dem Sparschäler schälen, in Stücke schneiden und sofort in das Essigwasser legen. Die Butter im Topf schmelzen, das Essigwasser weggießen und die Schwarzwurzeln in der Butter schwenken, anschließend mit Weißwein und Gemüsebrühe aufgießen. Weich kochen, ein paar Schwarzwurzelstücke herausnehmen und zur Seite stellen, den Rest fein und cremig pürieren. Sahne schlagen und mit Vanillesalz würzen. Die Schwarzwurzelstücke auf die Teller verteilen, mit Suppe aufgießen, die Sahnehaube aufsetzen, mit dem schwarzen Sesam bestreuen und sofort servieren.

Schwarzwurzeln, auch Winterspargel genannt, sind eine feine Delikatesse, sie werden in Bayern, Belgien, Frankreich und den Niederlanden angebaut. Die Saison beginnt Ende Oktober und reicht bis April. Mit ihrer erdigen, borkenartigen Schale lassen die Wurzeln sich nur mühsam schälen. Der dabei austretende weiße, milchartige Saft ist klebrig, deshalb mit Handschuhen arbeiten! Die geschälten Schwarzwurzeln sollten sofort in Essigwasser eingelegt werden, damit das feine Gemüse sich nicht bräunlich verfärbt.

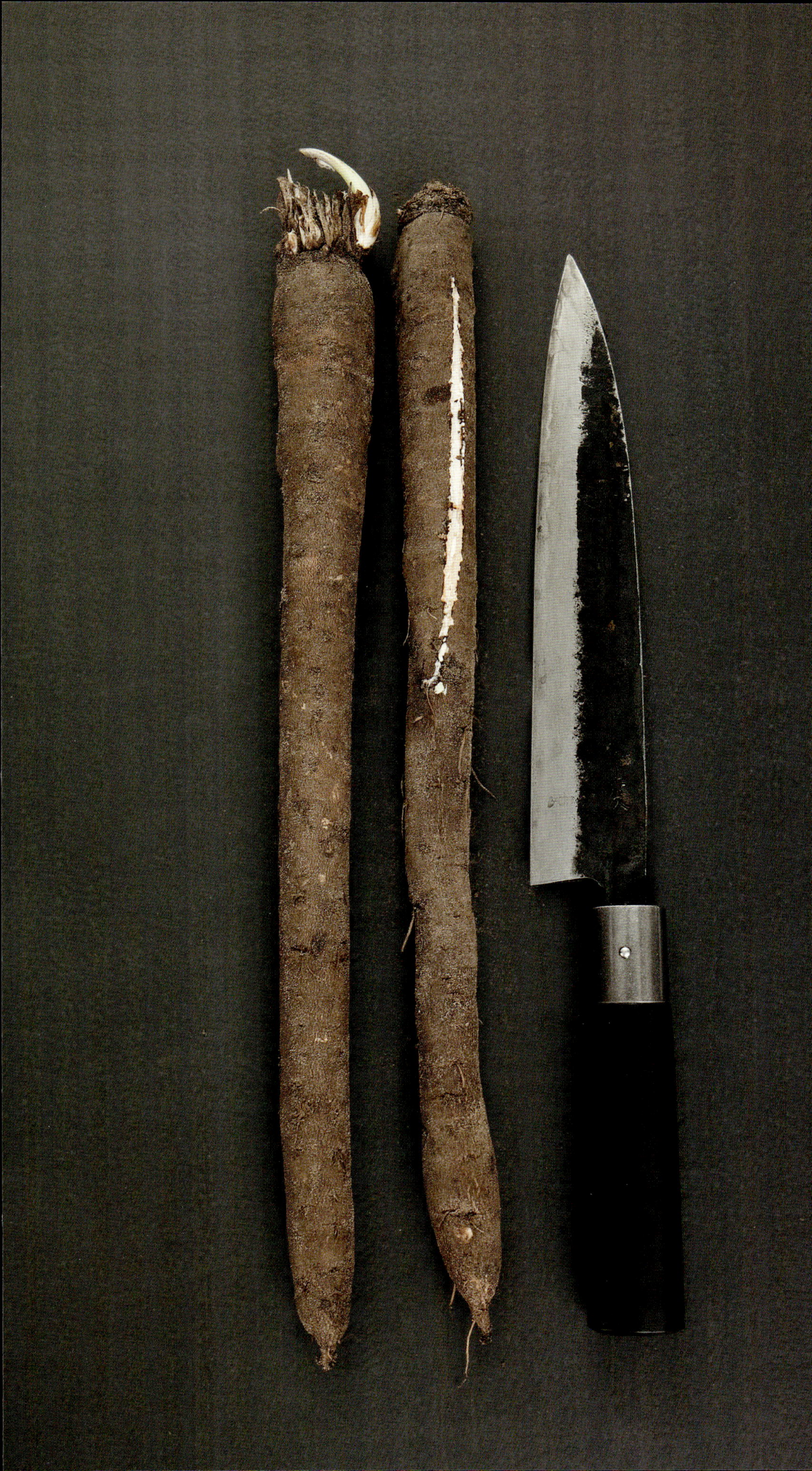

Karotten-Maronen-Suppe mit Rosmarin

Für vier Personen

700 g Karotten
2 kleine Zwiebeln
2 EL Olivenöl zum Andünsten
1 ¼ l Gemüsebrühe
200 g Maronen (vorgegart und vakuumiert)
½ Bund frischer Rosmarin
Schwarzer Pfeffer nach Geschmack
3 EL frischer Orangensaft

Nach Geschmack Parmaschinkenscheiben, die Sie am besten in einer beschichteten Pfanne kurz anrösten.

Karotten schälen und mit einem Handhobel oder einer Küchenmaschine mit entsprechendem Aufsatz in Scheiben schneiden. Zwiebeln häuten, fein würfeln und in Olivenöl andünsten. Die frischen Rosmarinnadeln dazugeben und die Karotten untermischen. Bei mittlerer Hitze immer wieder umrühren und etwa zehn Minuten weiterdünsten. Vier Esslöffel von den gedünsteten Karottenscheiben aus dem Topf nehmen und für das Topping zur Seite stellen. Dann das Gemüse mit Orangensaft und Gemüsebrühe ablöschen und aufkochen. Inzwischen die Maronen grob hacken, die Hälfte mit den zur Seite gestellten Karotten mischen, die andere Hälfte unter die Suppe ziehen und alles fein pürieren.
Mit Salz und Pfeffer würzen. Die Karotten-Maronen-Mischung auf der Suppe anrichten. Geröstete Parmaschinkenscheiben geben diesem Gericht einen besonderen Kick!

Ein Rezept, zwei Suppen: Zum perfekten Wintereintopf wird diese Suppe, wenn Sie das Karottengemüse nicht pürieren, sondern bissfest kochen und die gehackten Maronen darunterziehen. Besonders fein: ein winterliches Sahnehäubchen, mit Vanillesalz verfeinert.

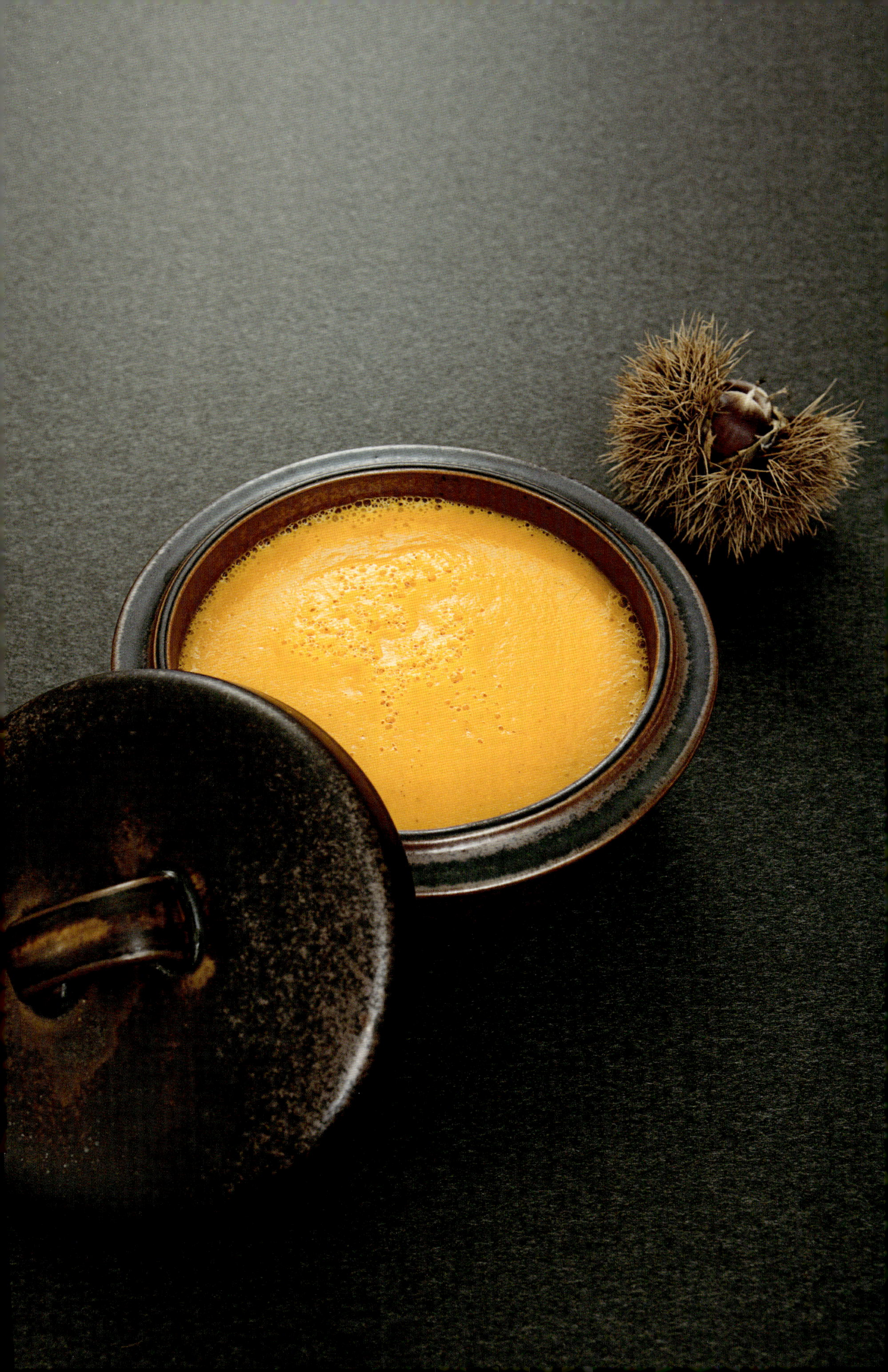

Apfel-Kartoffel-Crèmesuppe mit Rotkohlbett und geröstetem Speck

Für vier Personen

500 g Äpfel (Boskop)
3 EL Butter
3 Zwiebeln
300 g Kartoffeln, mehlig
2 Lorbeerblätter
1¼ l Gemüsebrühe
4 EL Rotkohl, fein geraspelt
200 g Speckwürfel
Pfeffer und Salz nach Geschmack

Äpfel schälen, entkernen, die Zwiebeln häuten und beides grob würfeln. Einen Apfel für das Topping in feine Würfel schneiden und zur Seite stellen. Butter im Topf schmelzen und darin Äpfel, Zwiebeln und Lorbeerblätter bei niedriger Temperatur dünsten. Die Kartoffeln schälen, grob vierteln, dazugeben, mit Gemüsebrühe aufgießen, weich kochen, die Lorbeerblätter entfernen und die Suppe pürieren. Inzwischen die Speckwürfel in einer beschichteten Pfanne auslassen, den Rotkohl fein raspeln und mitbraten, bis er bissfest ist. In den letzten Minuten den Apfel unterheben und alles mit Salz und Pfeffer abschmecken. Die Suppe mit dem Rotkohl-Apfel-Speck-Topping anrichten.

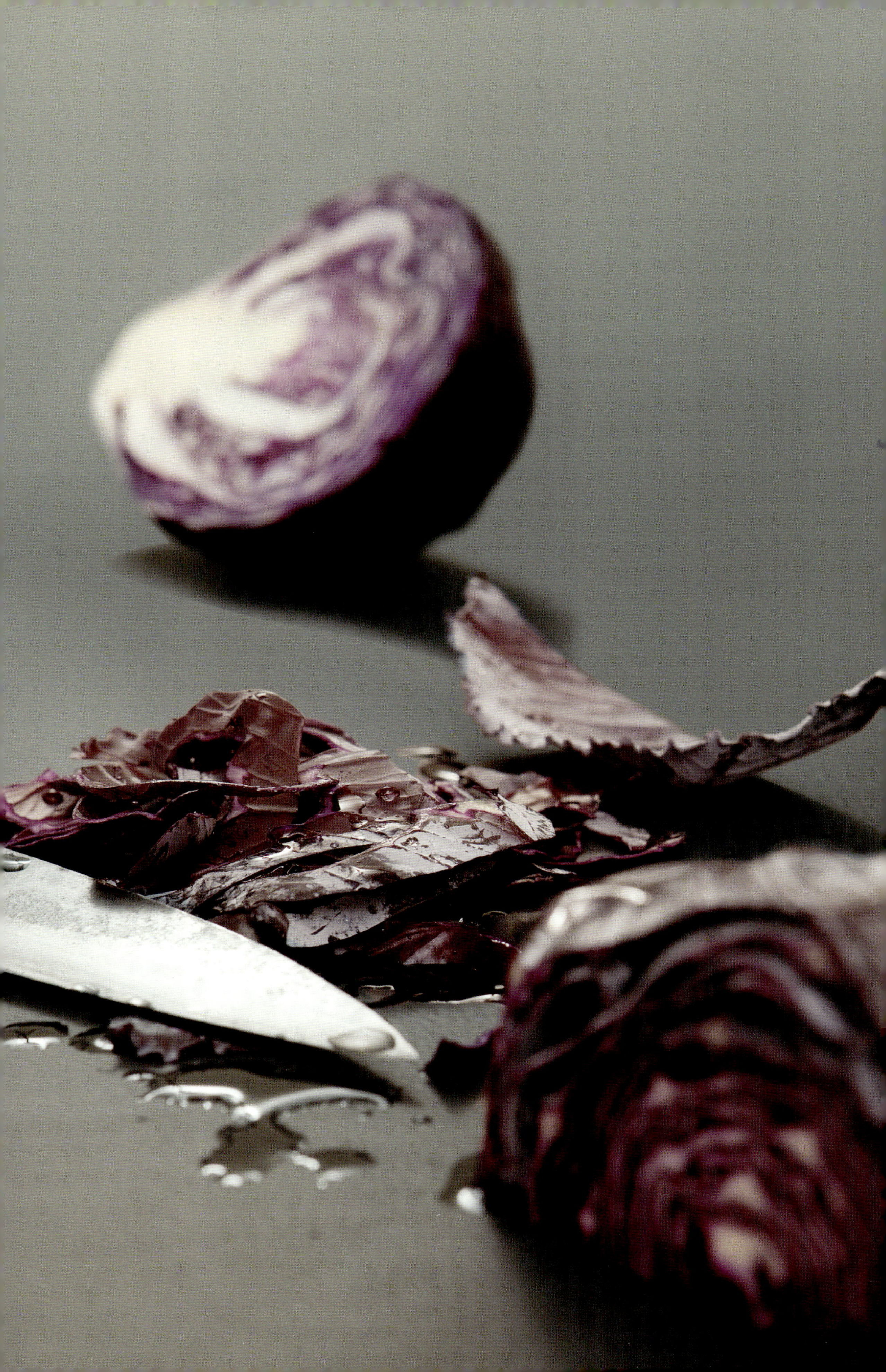

Rosenkohl-Curry-Suppe mit Koriandergrün und Garnelen

Für vier Personen

800 g Rosenkohl
3 EL Olivenöl zum Andünsten
2 Zwiebeln
2 TL Curry
Salz nach Geschmack
1 l Kokosmilch
½ l Gemüsebrühe
1 TL Limettensaft
1 Bund frischer Koriander
Nach Bedarf: 4-8 gekochte Riesengarnelen

Rosenkohl waschen und putzen. Zwiebeln häuten, fein würfeln, in Öl andünsten, Curry unterrühren und sofort den Rosenkohl dazugeben. Das Gemüse mit Kokosmilch und Gemüsebrühe aufgießen, bissfest kochen. Mit Limettensaft und Salz abschmecken. Die Suppe mit frischem Koriandergrün und – wer mag – mit einer gekochten Riesengarnele servieren.

Die klassischen Currymischungen kommen aus Indien und enthalten in der Regel Chili, Koriander, Kreuzkümmel, Senfsamen, Pfeffer, Curryblätter, Ingwer und vor allem Kurkuma (Gelbwurz), das mit seinem leuchtenden Gelb den Currymischungen ihre Farbe verleiht. Es gibt Tausende Currymischungen, die je nach der Region des jeweiligen Landes variieren, manchmal sind auch Zimt oder Nelken dabei. Die Rezepte werden von den Familien oft wie ein Schatz gehütet. Von mild-würzig bis „höllenscharf" – beim Curry ist alles möglich! Wenn Sie ein Curry kaufen wollen, fragen Sie Ihren Gewürzhändler, ob Sie die Mischung vorher auf einem Stück Butterbrot probieren können, um ihren Schärfegrad zu testen.

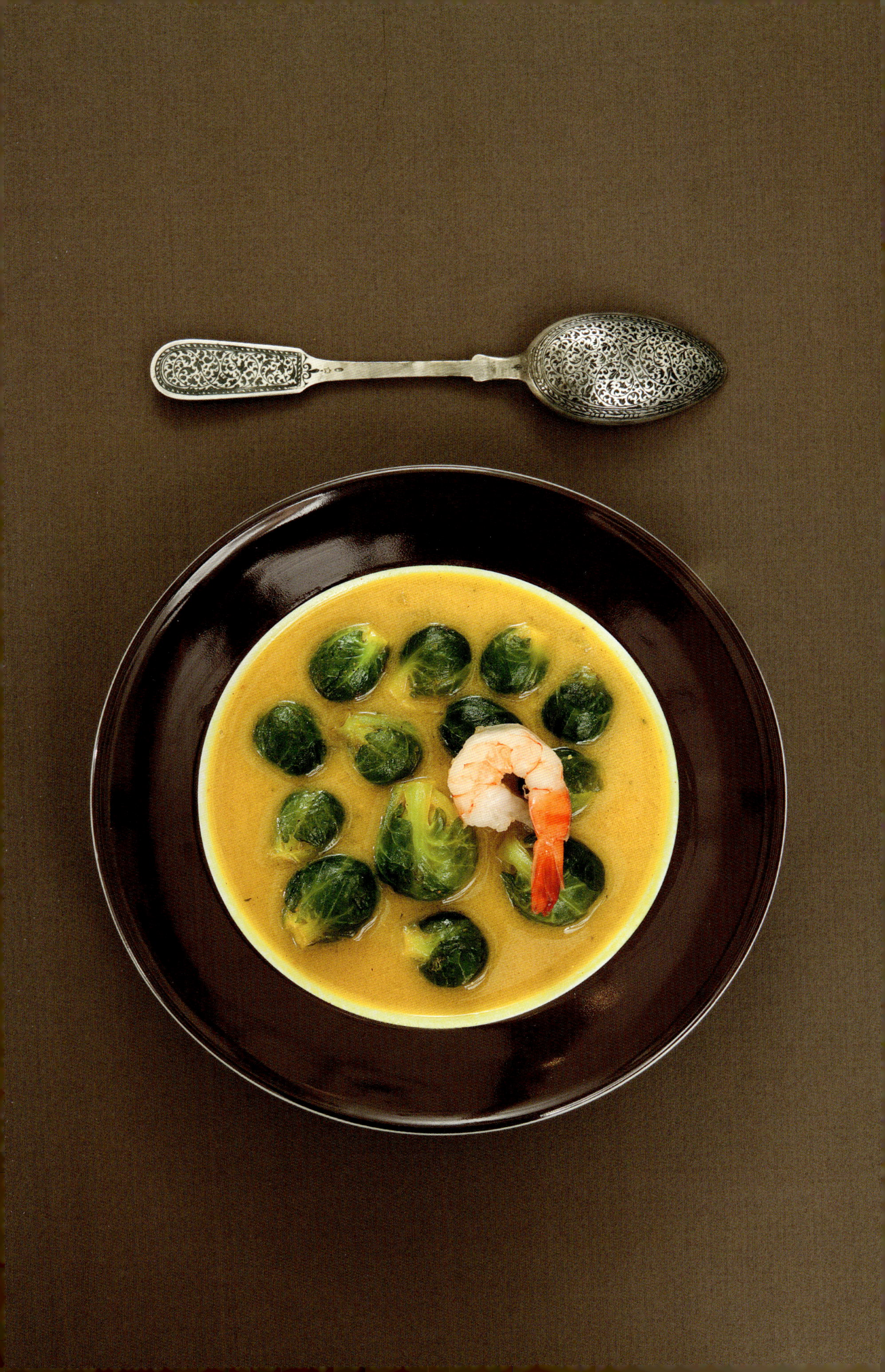

Pastinakensuppe mit Muskatblüte und gerösteten Pekannüssen

Für vier Personen

500 g Pastinakenwurzeln
2 kleine Zwiebeln
2 EL Butter zum Andünsten
1 ¼ l Gemüsebrühe
2 Msp Muskatblüte
Schwarzer Pfeffer nach Geschmack
1 EL Zitronensaft
3 EL Pekannüsse
1 TL Olivenöl
¼ Espressolöffel Cayennepfeffer
½ Bund frische Petersilie

Pastinaken mit der Bürste gründlich waschen oder schälen und in dicke Scheiben schneiden. Zwiebeln häuten, grob würfeln und in Butter andünsten. Pastinaken dazugeben, das Gemüse mit Brühe aufgießen, weich kochen und pürieren. Mit Zitronensaft abschmecken, mit Muskatblüte und Pfeffer würzen. Die Pekannüsse in einer beschichteten Pfanne mit einem Hauch Olivenöl und Cayennepfeffer rösten, bis sie duften. Die Nüsse als Topping auf der Suppe anrichten und das Ganze mit frisch gehackter Petersilie bestreuen.

Pastinaken sind ein altes, klassisches Wintergemüse. Die rettichförmige, cremefarbene Wurzel ist robust, wächst aber langsam: Von der Aussaat bis zur Ernte braucht die Pastinake sieben Monate. Sie schmeckt nach Sellerie und Petersilienwurzel, ein wenig milder und süßlich-nussig. Pastinaken haben einen hohen Stärkegehalt und doppelt so viel Vitamin C wie eine Karotte.

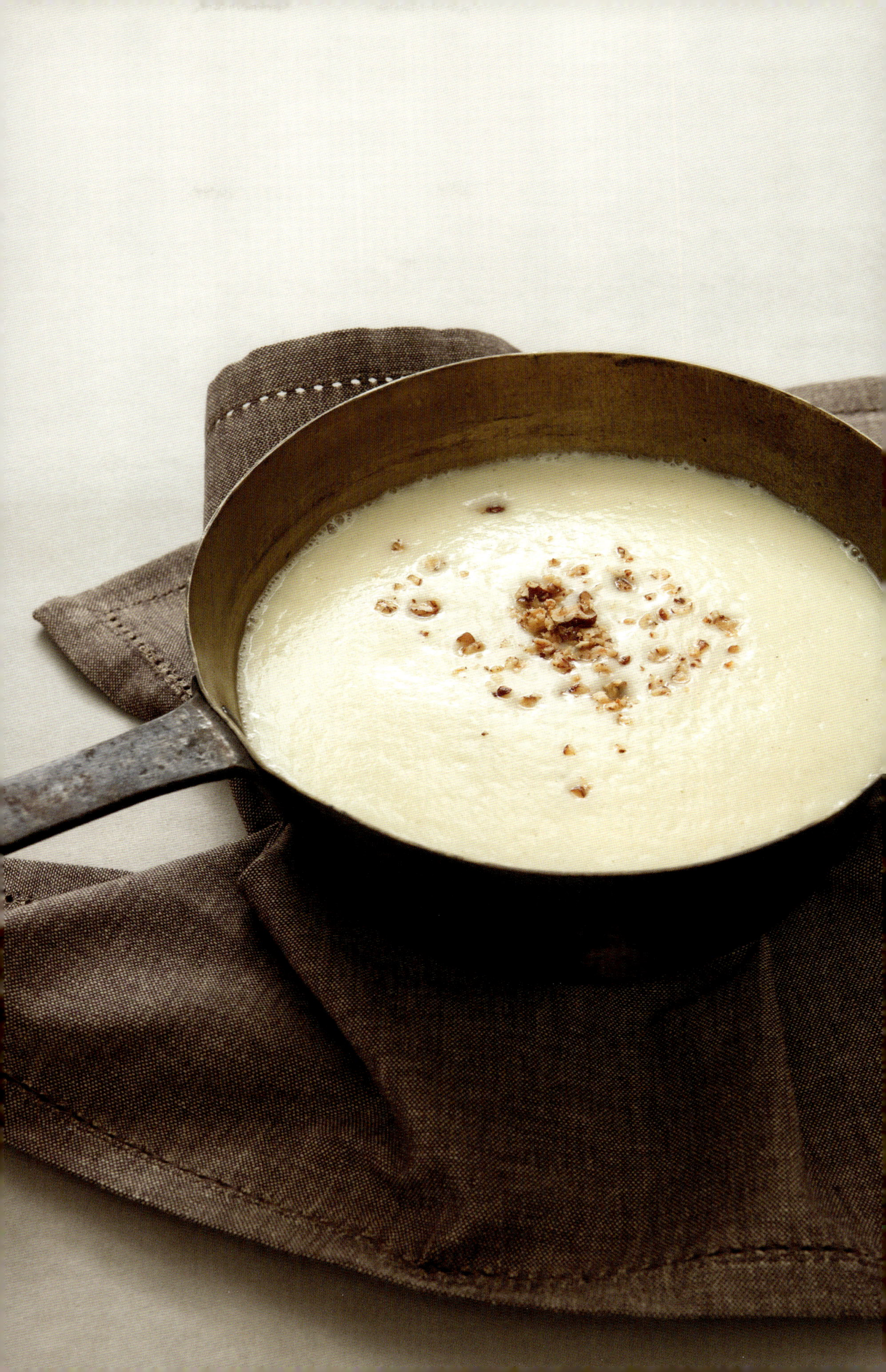

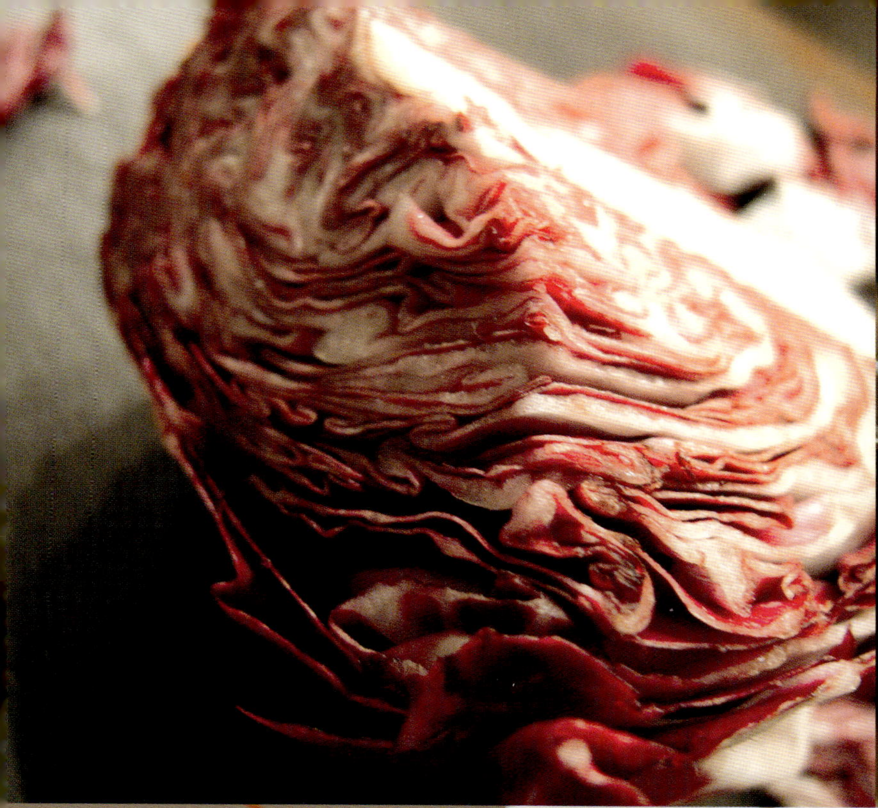

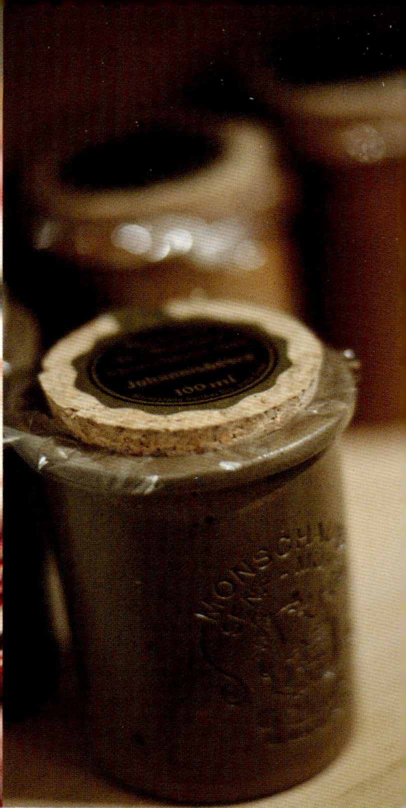
100 ml

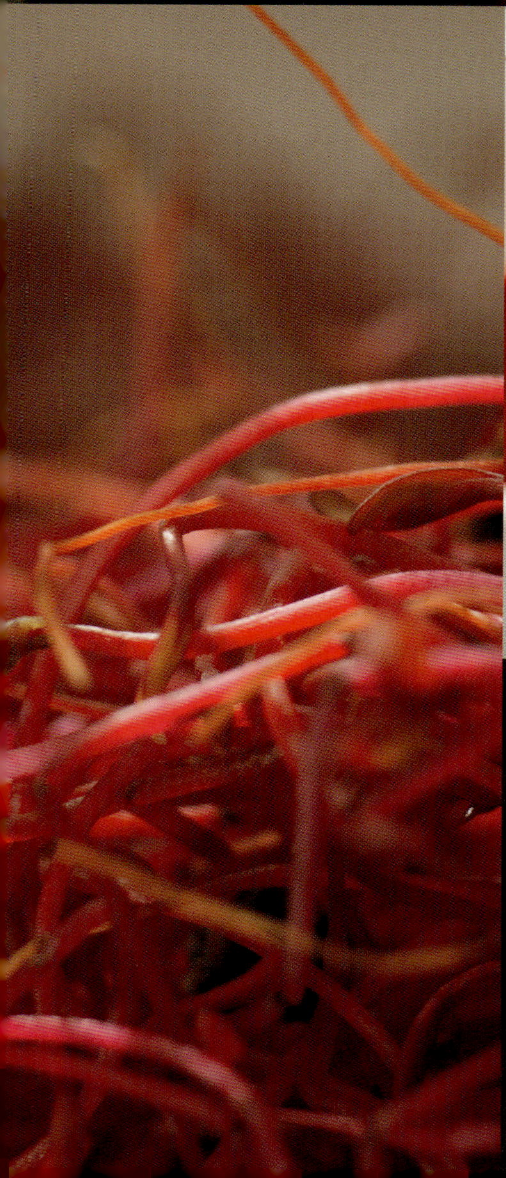

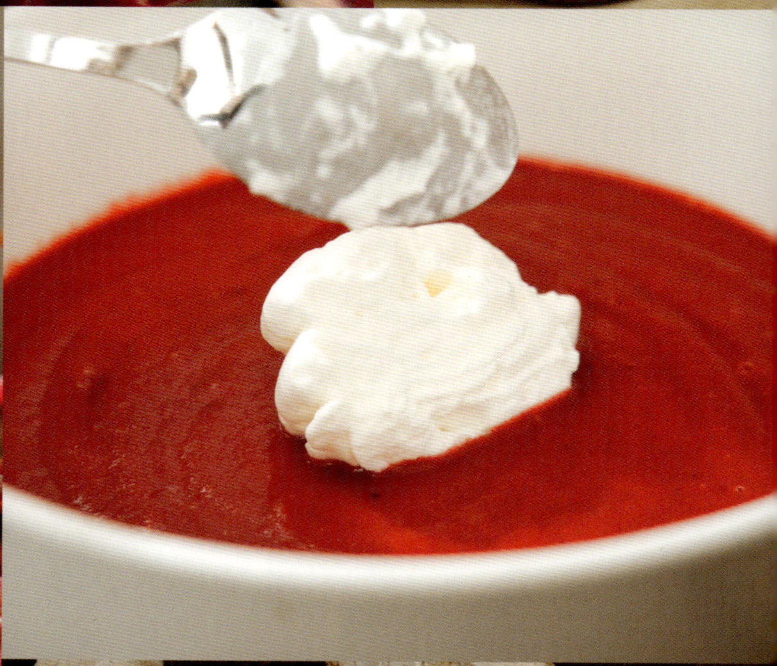

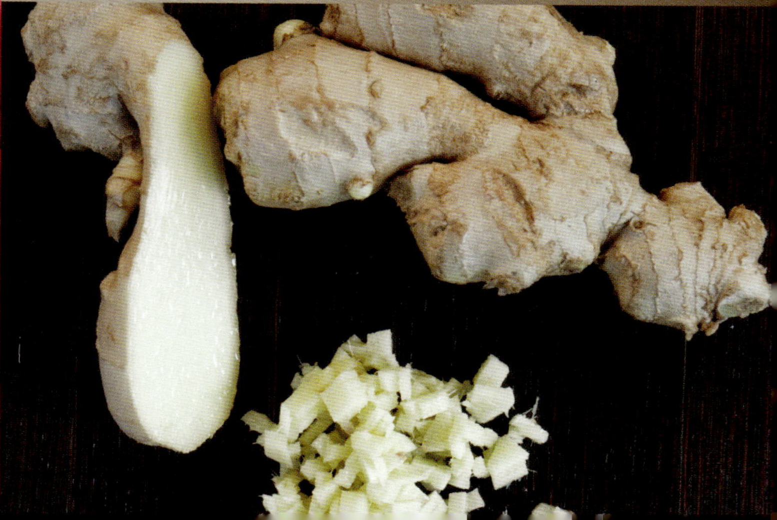

Alleskönner

... geben unserem Immunsystem den nötigen Kick, um den Winter zu überstehen, wenn der Schal zum Dauerbegleiter wird. In unseren „Alleskönner"-Suppentöpfen schwimmen wertvolle Vitamine, Mineralstoffe und Spurenelemente. Diese kleinen Kraftpakete und viel Flüssigkeit machen uns weniger anfällig für Bakterien und Viren. Sich im Winter zu „boostern" ist eigentlich ganz einfach: Wintergemüse wie heimische Kohlsorten enthalten mehr Vitamin C als Orangen. Rote Bete strotzt vor Eisen, frischer Ingwer hilft bei grippalen Infekten, Chili ist ein echter „Bakterienkiller". Kreuzkümmel, Senf und Meerrettich (ebenso wie sein japanischer Kollege Wasabi) wirken blutreinigend. Kurkuma, Hauptbestandteil von Currymischungen, hält die Galle im Gleichgewicht, und Kardamom gilt seit alters her als Aphrodisiakum. „Alleskönner" sind gesund und lecker. In jeder Suppe ein unschlagbares Team.

Apfel-Curry-Suppe mit Rote-Bete-Sprossen und gebratener Entenbrust

Für vier Personen

600 g Äpfel (Boskop oder Elstar)
1 Zwiebel
1 EL Olivenöl zum Andünsten
200 g Kartoffeln, mehlig
1 TL Currypulver
1 l Gemüsebrühe
2 Handvoll Rote-Bete-Sprossen oder ¼ Radicchiokopf
300 g Entenbrust
½ Espressolöffel schwarzer Pfeffer oder Orangenpfeffer, gemahlen
Salz nach Geschmack

Äpfel, Zwiebeln und Kartoffeln schälen und in grobe Würfel schneiden. Äpfel und Zwiebeln in Olivenöl andünsten. Currypulver darunterrühren, mitdünsten, bis es duftet. Die Kartoffeln unterheben, mit Gemüsebrühe aufgießen und weich kochen. Währenddessen die Entenbrust mit einem scharfen Messer auf der Hautseite kreuzweise einritzen, auf dieser Fettseite in einer beschichteten Pfanne bei mittlerer Temperatur braten. Wenn die Brust schön kross ist, wenden und die andere (magere) Seite in dem Entenfett braten. Die Suppe pürieren und in Tellern auf einem Rote-Bete-Sprossen-Nest anrichten. (Alternativ schneiden Sie den Radicchio in feine Streifen.) Die Entenbrust mit Salz und Pfeffer würzen, in dünne Scheiben schneiden und zwischen zwei Essstäbchen klemmen oder auf einen Holzspieß „fädeln".

Radicchio, auch roter Chicorée genannt, enthält Bitterstoffe, die ansonsten in unserer Nahrungskette kaum vorkommen. Außerdem hat er sehr viel Kalium, Kalzium und Phosphor. Bitterstoffe regen die Gallentätigkeit an und helfen dem Körper, Cholesterin abzubauen. Wenn Sie den bitteren Geschmack nicht mögen, legen Sie die Blätter kurz in lauwarmes Essigwasser, das mildert.

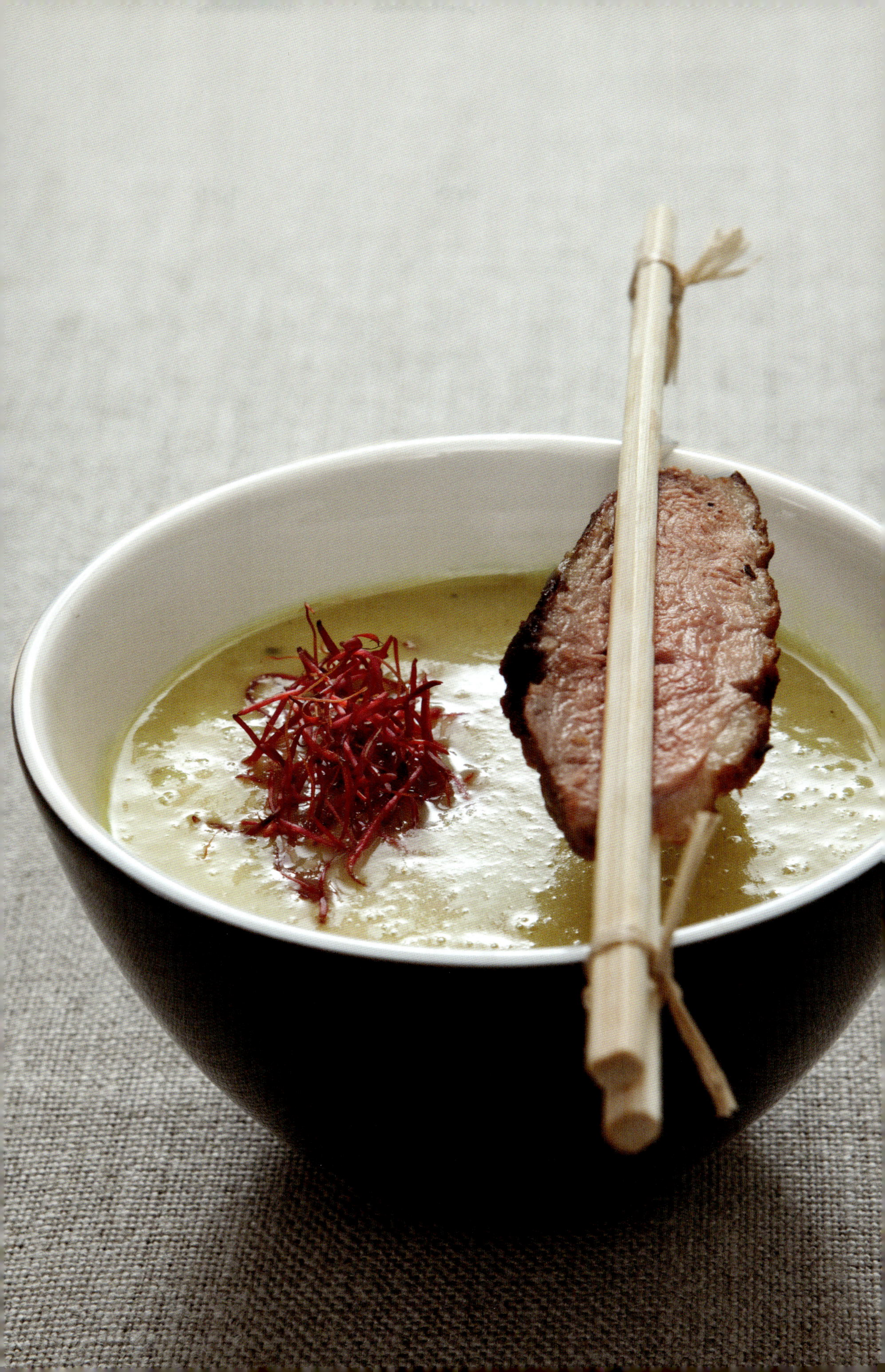

Ingwerbouillon mit Soba-Nudeln und Huhn

Für vier Personen

30 g frischer Ingwer
1 EL Öl zum Andünsten
1¼ l Gemüse- oder Hühnerbrühe
2 Hühnerbrustfilets
200 g Soba-Nudeln
100 g frische Sojasprossen
200 g Sojabohnen oder tiefgefrorene Erbsen
200 g Zuckerschoten
Schwarzer Pfeffer (Tellicherry)
2 Stängel frisches Zitronengras
1 Bund frisches Koriandergrün

Salzwasser aufsetzen und die Soba-Nudeln nach Anleitung kochen, mit kaltem Wasser abschrecken und zur Seite stellen.
Ingwer schälen, fein würfeln, bei niedriger Temperatur ein paar Minuten in Öl andünsten, Zitronengras andrücken und mitdünsten. Mit Gemüsebrühe aufgießen und köcheln lassen. Die Sojabohnen oder Erbsen in den Topf geben. Inzwischen die Hühnerbrustfilets in mundgerechte Stücke schneiden, mit den diagonal halbierten Zuckerschoten in der heißen Suppe so lange ziehen lassen, bis Fleisch und Gemüse gar sind. Mit Pfeffer abschmecken, und zum Schluss die Sojasprossen hineingeben. Die Soba-Nudeln in den Suppentellern anrichten und die Suppe darübergießen. Mit frischem Koriandergrün garnieren.

Echte Soba-Nudeln bestehen zu 100% aus Buchweizen, kommen aus der japanischen Küche und bieten Menschen mit Gluten-Unverträglichkeit eine gute Alternative. Die langen bräunlichen Nudeln sehen aus wie Öko-Spaghetti. In Japan haben sie auch einen hohen Symbolgehalt: Sie versprechen ein langes, gesundes Leben.

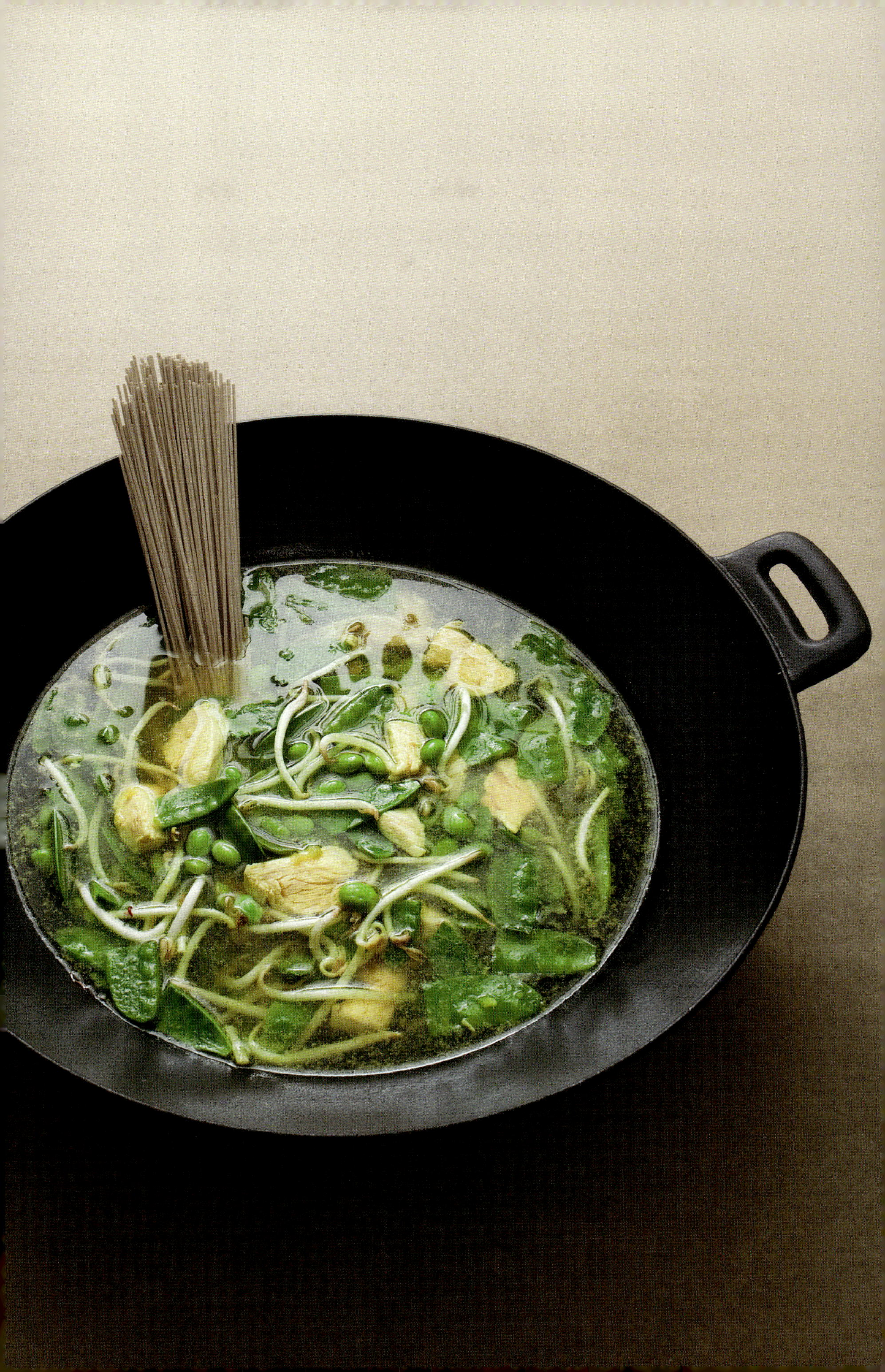

Rote-Bete-Suppe mit Wasabi-Sahne

Für vier Personen

800 g rote Bete
3 Zwiebeln
3 EL Sesamöl zum Andünsten
2 TL Wasabi-Pulver oder frisch geriebener Meerrettich
1 ½ l Gemüsebrühe
1 EL Zitronensaft
25 g frischer Ingwer
Schwarzer Pfeffer nach Geschmack
¼ l Sahne
1 Bund frischer Dill

Rote Bete (Handschuhe!), Zwiebeln und Ingwer schälen, grob würfeln und zuerst die Zwiebeln sowie den Ingwer bei niedriger Temperatur zehn Minuten lang in Sesamöl andünsten. Die rote Bete unterheben, mit Gemüsebrühe aufgießen und alle Zutaten weich kochen.
Das Wasabi-Pulver 1:1 mit Wasser zu einer Paste vermischen und zur Seite stellen.
Die Suppe fein pürieren, die Hälfte der Wasabi-Paste darunterziehen, mit Zitronensaft, Pfeffer und Salz abschmecken. Die Sahne schlagen, salzen und mit der verbliebenen grünen Wasabi-Paste mischen. Suppe anrichten, Wasabi-Häubchen aufsetzen und mit frischem Dill bestreuen.

Wasabi ist grüner Meerrettich und stammt ursprünglich aus Japan. Die meisten von uns kennen die hellgrüne Paste als Sushi-Beigabe. Wasabi in Pulverform gibt es im Asia Shop, im Mischungsverhältnis 1:1 mit Wasser können Sie sich die Paste immer frisch anrühren. Oder Sie verwenden Wasabi aus der Tube, die Sie im Kühlschrank aufbewahren. Die frische Alternative ist und bleibt die braune Meerrettichwurzel vom Gemüsehändler. Wird die heimische Wurzel mit einer scharfen Reibe oder dem entsprechenden Aufsatz der Küchenmaschine gerieben, ist ihr Aroma einfach unvergleichlich.

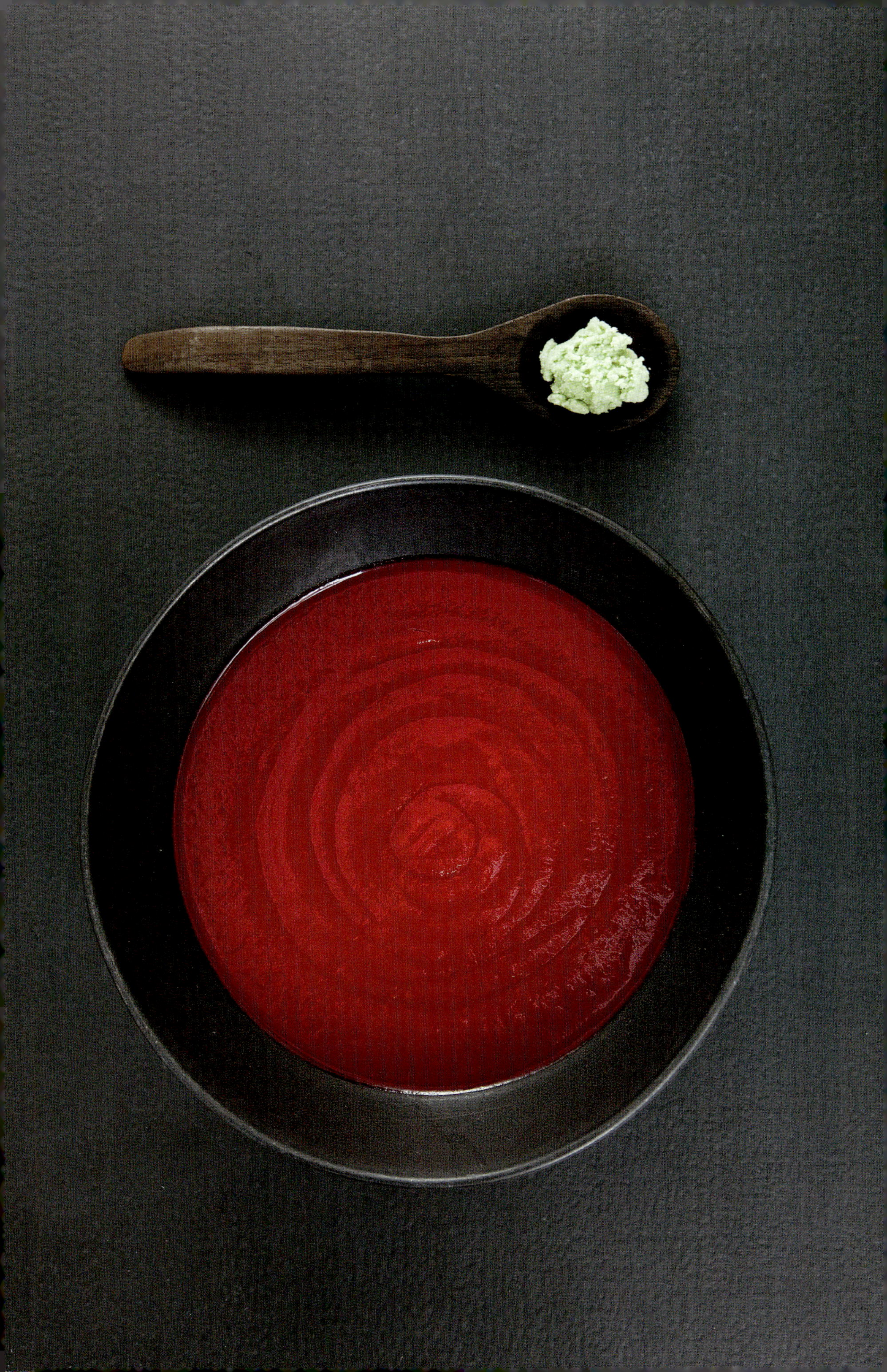

Rote Linsencrèmesuppe mit Kreuzkümmel, Koriander und Vanille

Für vier Personen

250 g rote Linsen
2 kleine Zwiebeln
Sesamöl zum Andünsten
1¼ l Gemüsebrühe
1 EL Tomatenmark
1 TL Kreuzkümmel, ganz
½ TL Koriandersaat, ganz
½ Espressolöffel gemahlener schwarzer Pfeffer
2 Msp Vanille, gemahlen
⅛ l frischer Orangensaft
200 ml Crème fraîche
1 Bund frischer Schnittlauch

Zwiebeln häuten, grob würfeln und in Sesamöl andünsten. Kreuzkümmel, Koriander und Vanillepulver daruntermischen, die Linsen dazugeben, sofort mit Gemüsebrühe aufgießen und weich kochen. Das Tomatenmark und den Orangensaft unterrühren, die Suppe cremig pürieren. Mit Pfeffer abschmecken, mit einem Klecks Crème fraîche und frischem Schnittlauch garnieren.

Kreuzkümmel besitzt einen starken Eigengeschmack, er ist scharf-aromatisch und erinnert nur entfernt an Kümmel, auch wenn die beiden Gewürze einander optisch stark ähneln. Kreuzkümmel ist ein Bauchwärmer, er gilt als krampflösend, entspannend und blutreinigend.

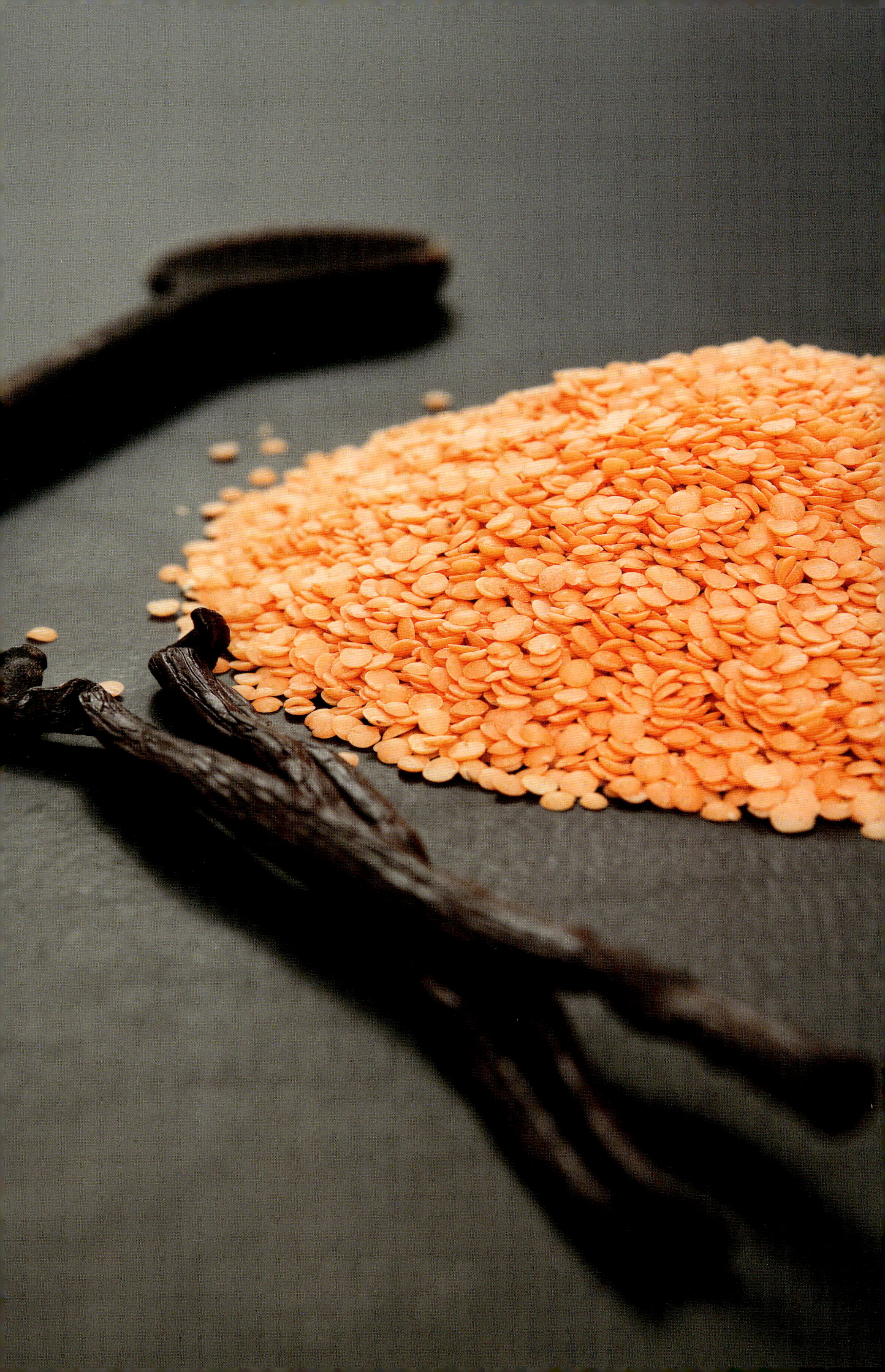

Grüner Eintopf mit Wirsing und Senf

Für vier Personen

½ kleiner Wirsing
250 g Grünkohl
400 g Kartoffeln, speckig
1 Stange Lauch
3 EL Butter zum Andünsten
4 EL Senf mit grünem Pfeffer
1 ½ l Gemüsebrühe
150 g Silberzwiebeln (eingelegt, abgegossen)
Salz und Pfeffer nach Geschmack

Wirsing putzen, den Strunk entfernen und in kurze Streifen schneiden. Kartoffeln schälen und in mundgerechte Stücke, Lauch in Ringe schneiden. Grünkohl putzen und grob hacken. Butter im Topf schmelzen, den Lauch kurz andünsten. Wirsing, Grünkohl und Kartoffeln dazugeben und mit Gemüsebrühe aufgießen. Alles leicht kochen lassen, bis das Gemüse gar ist. Von der Brühe zwei Schöpfer abnehmen, den Senf dazugeben und mit dem Pürierstab aufschlagen, dann wieder unter die Suppe ziehen. Die abgegossenen Silberzwiebeln einrühren, den Eintopf zum Schluss mit Salz und Pfeffer abschmecken.

Senf ist nicht gleich Senf. Bei industriell hergestelltem Senf wird die Saat in der Regel erst erhitzt und dann vermahlen. (Mit dem Senf ist es ähnlich wie beim Olivenöl, wo man auch zwischen kalt gepresstem und erhitztem Öl unterscheidet.) In Deutschland gibt es ein paar kleine Senfmühlen, die ihre Senfsaat in traditioneller Weise kalt verarbeiten. Dadurch bleiben wertvolle ätherische Öle erhalten. Achten Sie beim Einkauf auf die Etiketten: Wenn ein Senf kalt vermahlen ist, sollte dies als Qualitätshinweis vermerkt sein.

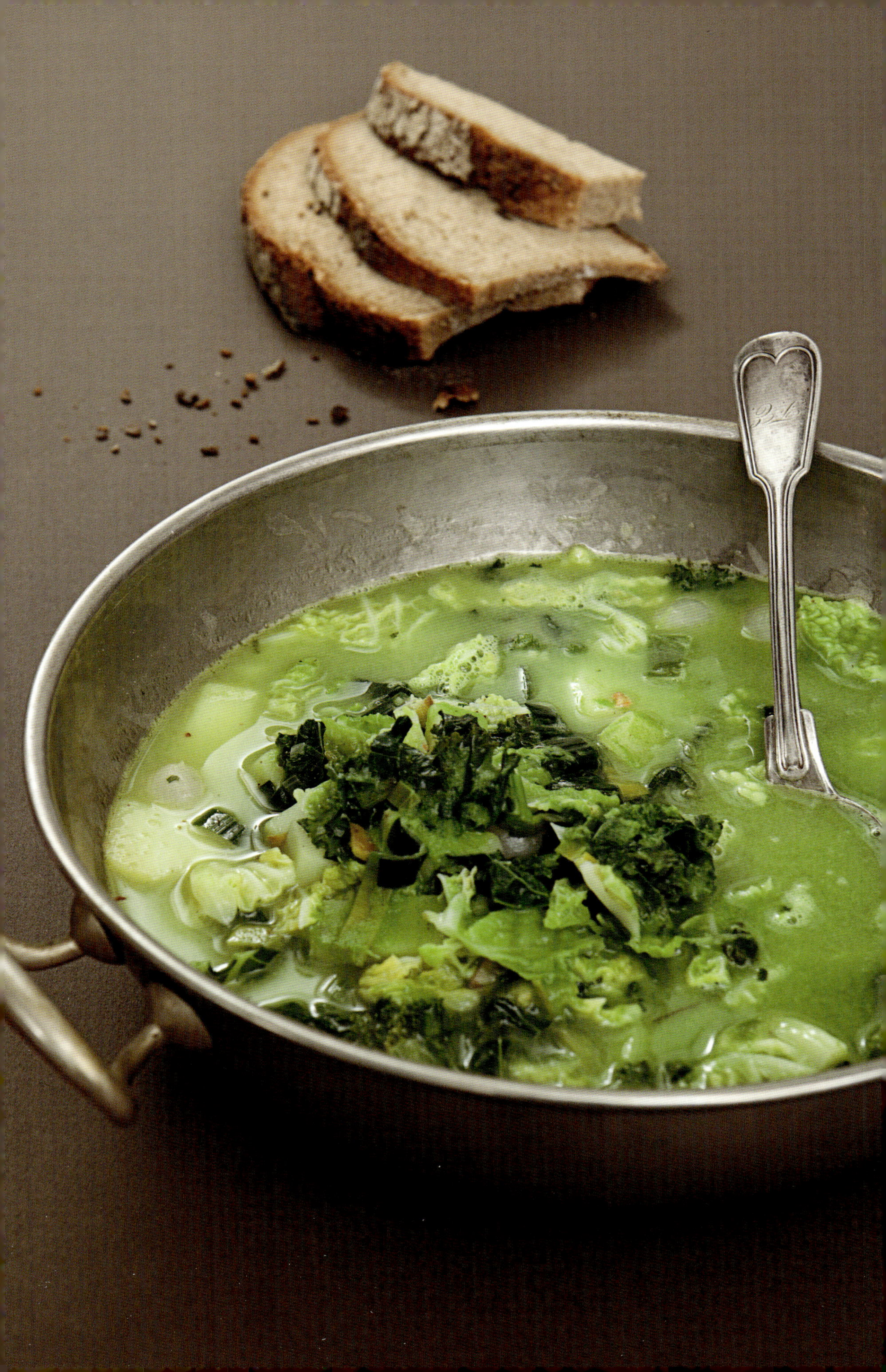

Tom Ka Gai mit Zitronengras, Chili und Huhn

Der Laden-Topseller und Partyrenner: Wir haben noch niemanden erlebt, der diesen „Alleskönner" nicht als wahres Suppenglück empfunden hätte!

Für vier Personen

40 g frischer Ingwer
1 bis 1½ EL gelbe Curry-Paste
½ frische Chilischote
2 Stängel Zitronengras
Saft einer ½ Zitrone
2 EL Öl zum Andünsten
4 Hühnerbrustfilets
1 l Kokosmilch, ungesüßt
¼ l Gemüse- oder Hühnerbrühe
Salz nach Geschmack
200 g frische Champignons
1 Bund frisches Koriandergrün

Ingwer schälen und fein hacken, Chilischote (Handschuhe!) entkernen und ebenfalls fein schneiden. Zitronengras andrücken und alle drei Zutaten bei mittlerer Hitze in Öl andünsten. Die Curry-Paste unterrühren, damit eine homogene Masse entsteht. Das Hühnerfilet in mundgerechte Stücke schneiden und in den Topf geben, das Fleisch in der Gewürzpaste wenden. Mit Brühe und Kokosmilch aufgießen und aufkochen. Sobald die Suppe kocht, vom Herd nehmen und ein paar Minuten lang ziehen lassen.
Champignons fein blätteln, in die Suppe geben, alles auf Tellern anrichten und mit Koriandergrün bestreut servieren.

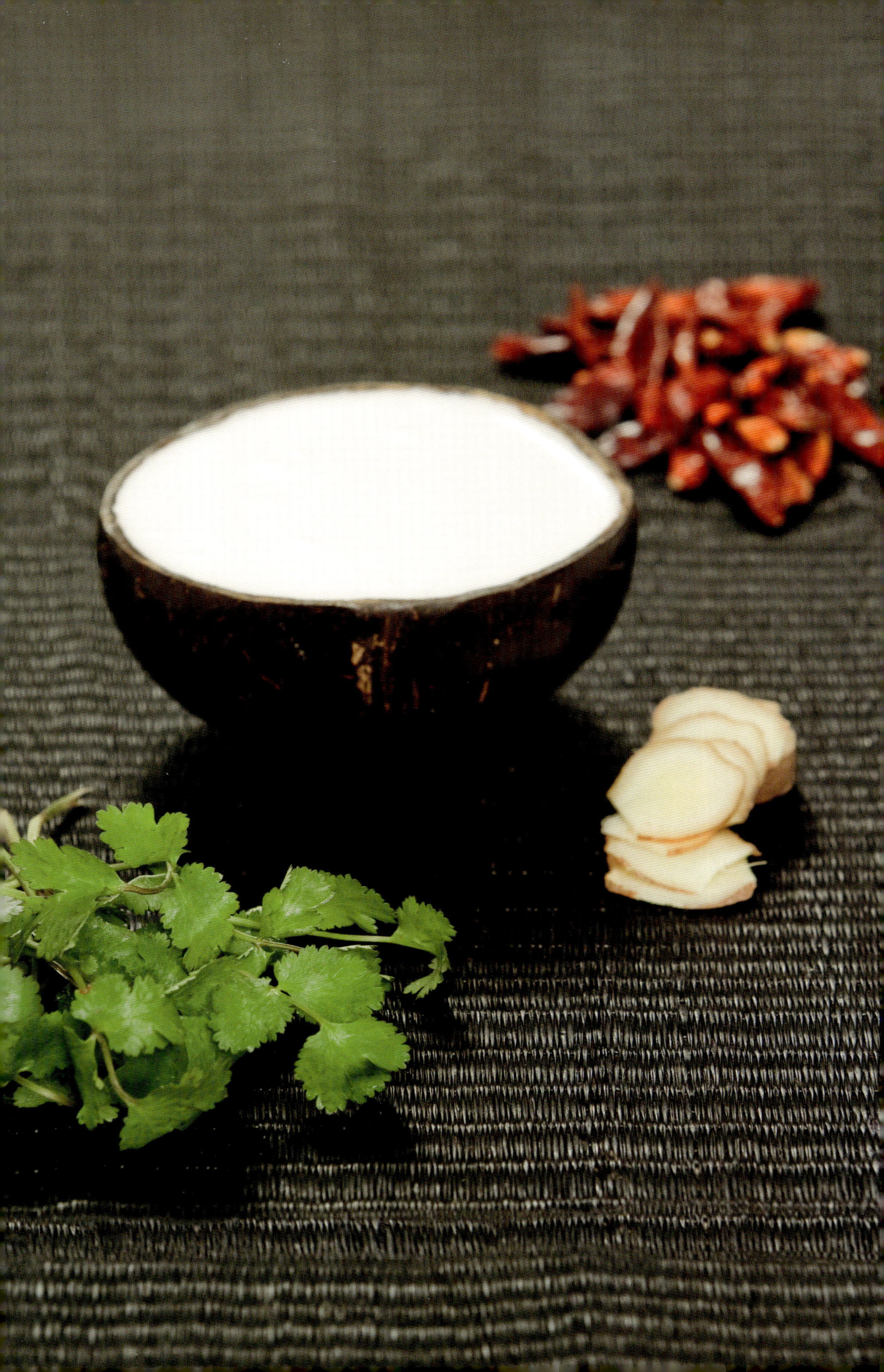

Brokkolicrèmesuppe mit gerösteten Zimtmandeln

Für vier Personen

800 g Brokkoli
2 kleine Zwiebeln
¼ Espressolöffel Muskatblüte, gemahlen
1 TL Zitronensaft
Pfeffer nach Geschmack
3 EL Butter zum Andünsten
1 ¼ l Gemüsebrühe
60 g Mandelblättchen
¼ Espressolöffel Ceylon-Zimt, gemahlen

Brokkoli waschen, putzen, mit Strunk und Röschen grob zerteilen. Zwiebeln häuten, würfeln und in Butter andünsten. Brokkoli dazugeben, mit Gemüsebrühe aufgießen und weich kochen. Die Suppe pürieren, mit Zitronensaft, Pfeffer und Muskatblüte abschmecken. Mandelblättchen in einer beschichteten Pfanne goldbraun rösten, vom Herd nehmen, mit Zimt bestreuen und auf der Suppe anrichten. Wer es noch cremiger mag, kann die Zimtmandeln auf ein Häubchen aus gesalzener Sahne setzen.

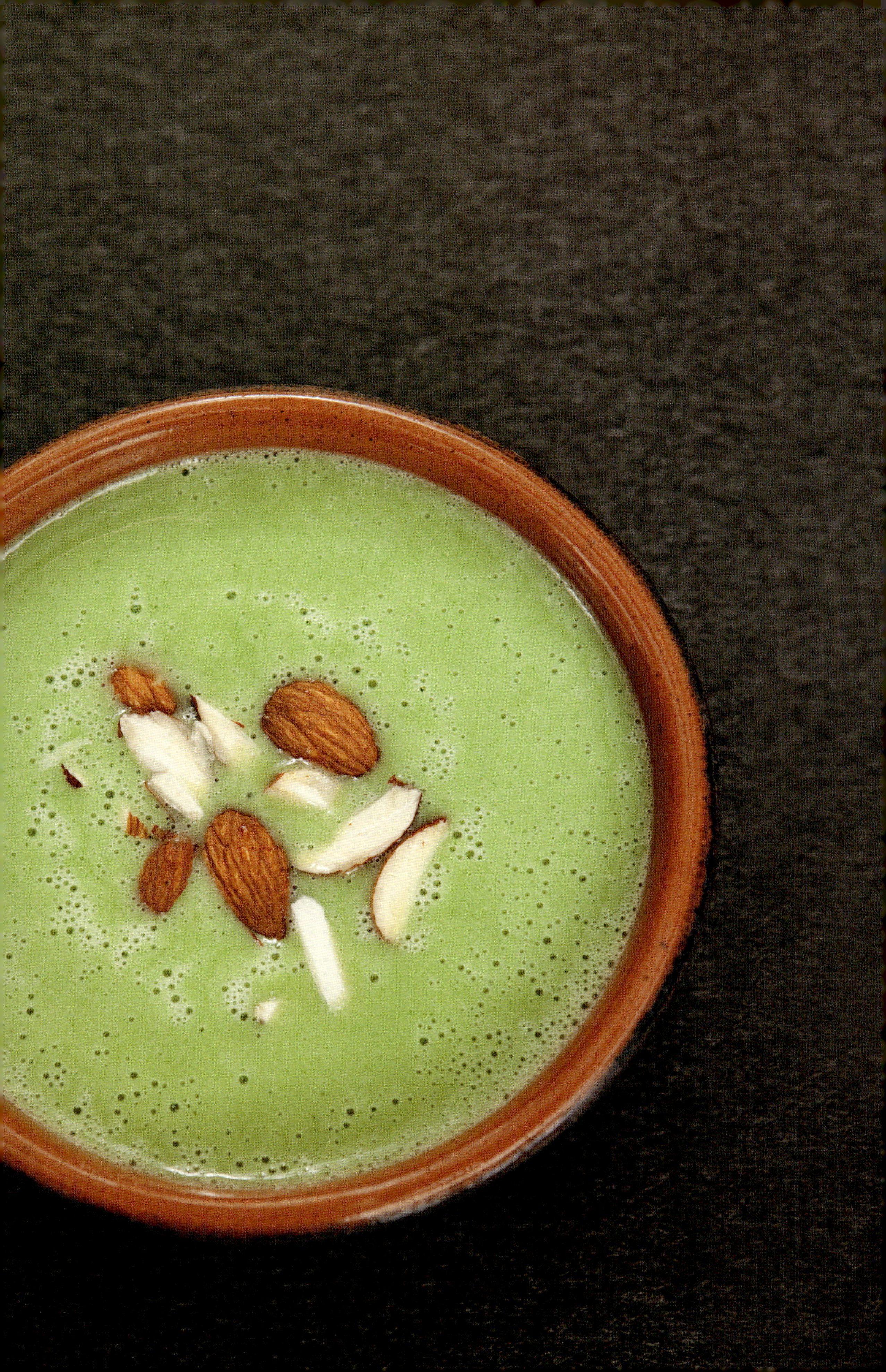

Karotten-Orangen-Suppe mit Kardamom und frischen Sprossen

Für vier Personen

700 g Karotten
2 Bio-Orangen: von einer nur die (dünn!) abgeriebene Schale, von beiden das Fruchtfleisch
2 Zwiebeln
2 EL Olivenöl zum Andünsten
2 Msp Kardamom, gemahlen
¼ Espressolöffel roter Pfeffer
1½ l Gemüsebrühe
2 Handvoll Lauchsprossen oder andere Sprossen

Karotten und Zwiebeln schälen, in grobe Stücke schneiden. Olivenöl im Topf erhitzen und die Zwiebeln darin andünsten. Abgeriebene Orangenschale, rote Pfefferbeeren und Karotten dazugeben, mit Gemüsebrühe aufgießen und weich kochen. Die Orangen schälen, das Fruchtfleisch zur Suppe geben, alles pürieren. Mit Kardamom und Salz würzen, als Topping die Sprossen auf die Suppe setzen.

Charakteristisch für Kardamom ist sein feines, süßlich-scharfes Aroma; die Samen verstecken sich in einer grünen oder braunen Kapsel – die meisten von uns kennen den Geschmack von Stollen, Glühwein und Lebkuchen. Arabische Männer kauen Kardamomkapseln, um ihre sexuelle Lust zu steigern und um ihren Atemgeruch zu verbessern. Angeblich schwört auch so mancher Schachspieler auf Kardamom, weil er die Konzentration verbessern soll.

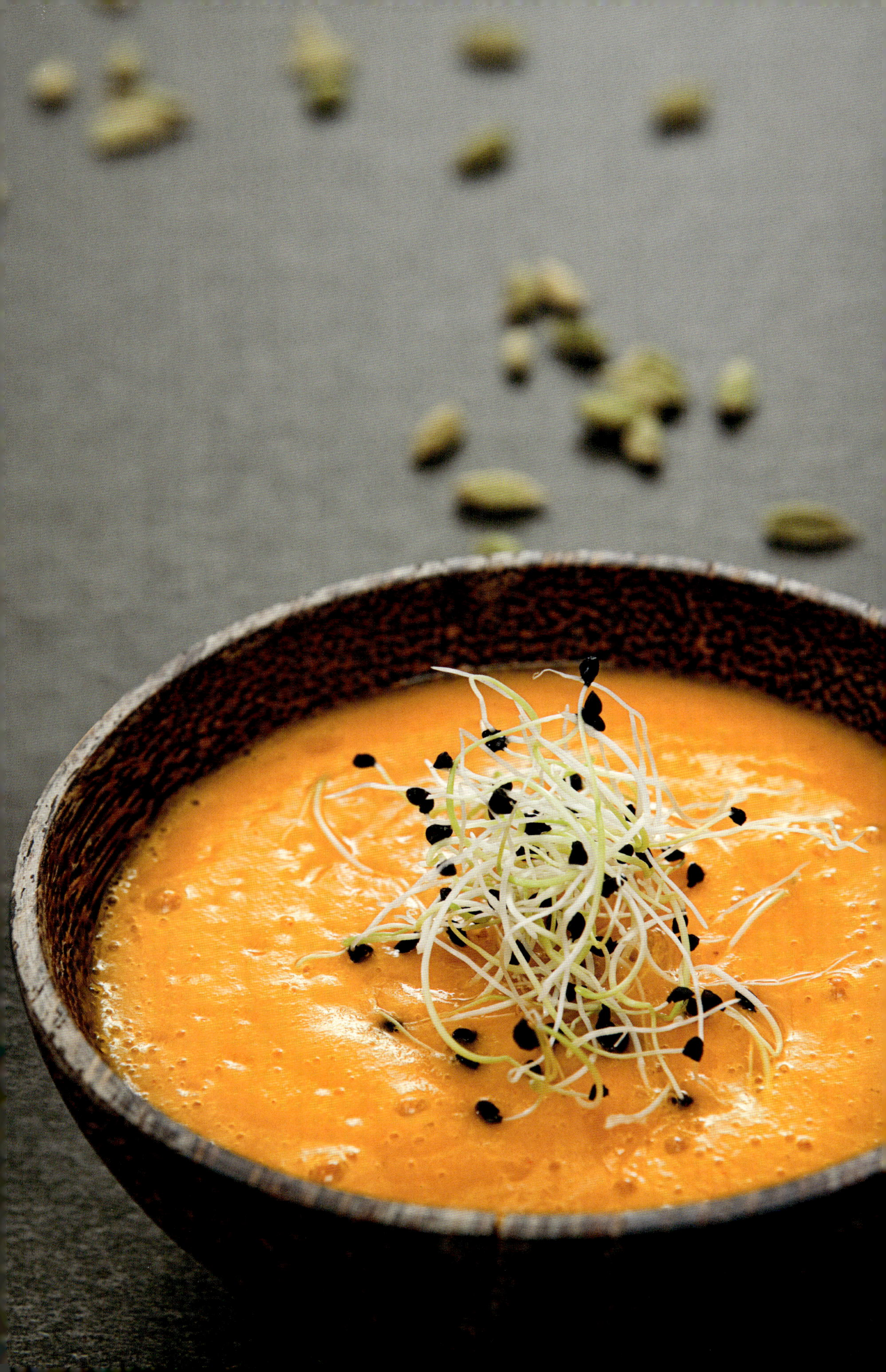

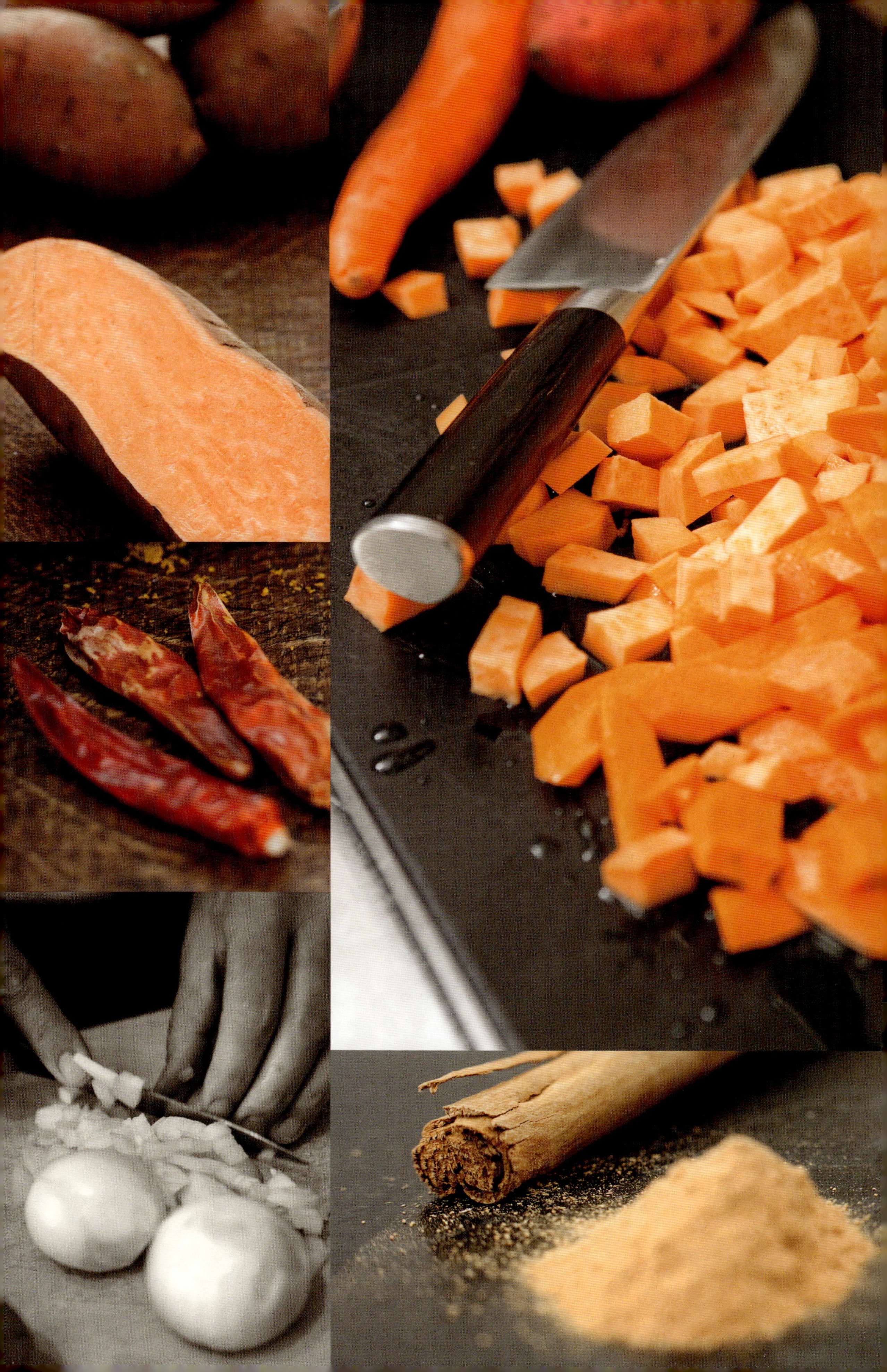

Sattmacher

Satt und zufrieden. Wenn dieses Gefühl sich im Gesicht meiner Gäste spiegelt, der leere Teller wieder über die Theke zurückwandert, dann weiß ich, weshalb Suppen und Eintöpfe so geniale Mahlzeiten sind: ein gesundes, unbeschwerliches, warmes Essen, eine perfekte Pause für Eilige, die von Fast Food genug haben. Und: Eine Suppe geht immer!
Ob als zweites Frühstück oder zur Mitternacht: Suppen stärken und erzeugen ein wohliges Gefühl. Wenn es draußen kühler und die Tage kürzer werden, rücken die Zutaten im Suppentopf zusammen und vereinen sich mit harmonisch darauf abgestimmten Gewürzen zum Suppenkonzert.

Herbsteintopf mit Schweinefilet und Senf

Für vier Personen

200 g gelbe Rüben („Erdkohlrabi"), alternativ Steckrüben
½ Spitzkohl oder Wirsing
200 g Karotten
1 Stange Lauch
300 g Kartoffeln, fest kochend
2 kleine Zwiebeln
1 EL Öl zum Andünsten
1½ l Gemüsebrühe
3 Lorbeerblätter
5 Pimentkörner
4 EL Dijon-Senf
400–500 g Schweinefilet
½ Bund Petersilie
½ Bund Liebstöckel

Gelbe Rüben, Karotten und Kartoffeln schälen, (in mundgerechte Stücke) würfeln. Spitzkohl oder Wirsing halbieren, dann vierteln, den Strunk entfernen, anschließend in Streifen schneiden und kurz abbrausen. Lauch putzen und in Ringe schneiden. Petersilie und Liebstöckel fein hacken und vermengen.
Zwiebeln häuten, fein würfeln und bei kleiner Hitze in dem Öl andünsten. Den Lauch dazugeben und das geschnittene Gemüse untermischen. Mit Gemüsebrühe ablöschen und die Lorbeerblätter hinzufügen. Die Pimentkörner im Mörser zerstoßen und zur Suppe geben. Den Eintopf köcheln lassen, bis das Gemüse bissfest ist. Von der Brühe drei Schöpfer abnehmen, mit dem Senf in einer hohen Schüssel (z.B. Messbecher) mit dem Pürierstab aufmixen. Den Senfsud unter die Suppe ziehen, mit Salz und Pfeffer abschmecken, das Schweinefilet einlegen und etwa 15 Minuten im Topf ziehen lassen. Das Filet herausnehmen, in mundgerechte Scheiben schneiden und auf die Suppenschalen verteilen. Mit dem Eintopf auffüllen und mit der Petersilien-Liebstöckel-Mischung garniert servieren.

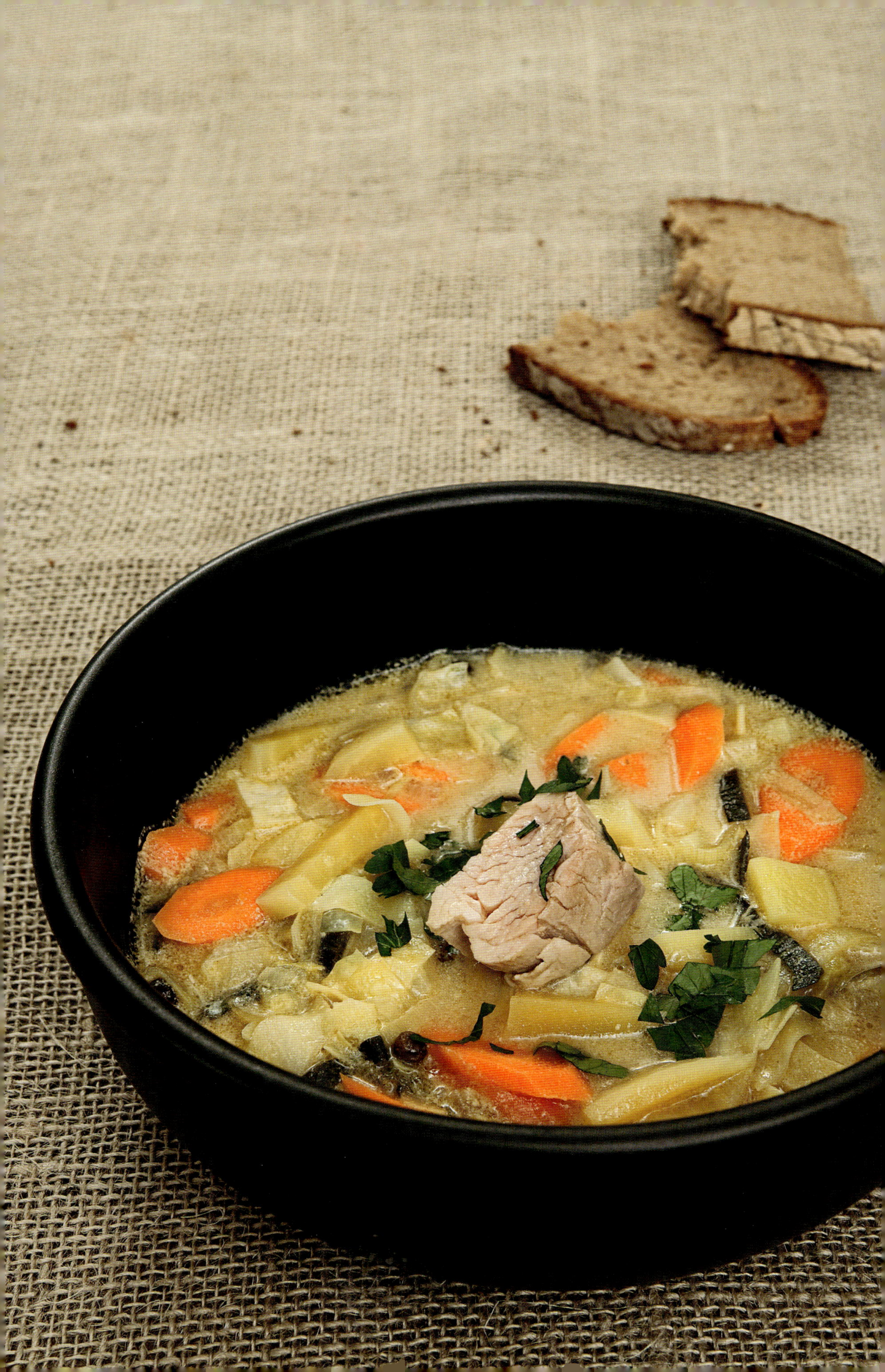

Süßkartoffeleintopf mit Karotten und Chili

Für vier Personen

1 Stange Lauch
2 EL Öl zum Andünsten
800 g Süßkartoffeln
300 g Karotten
1 TL Chiliflocken
1 ¼ l Gemüsebrühe
¼ l trockener Weißwein
1 Bio-Zitrone: Saft und abgeriebene Schale
Salz und Pfeffer nach Geschmack

Topping:
150 ml Crème fraîche
1 EL „Sesam, öffne Dich" (Rezept s. S. 168)

Süßkartoffeln und Karotten schälen, in mundgerechte Scheiben bzw. Würfel schneiden. Lauch längs anschlitzen und unter fließendem Wasser putzen, dann in Ringe schneiden und in Öl kurz andünsten, Chiliflocken und Karotten hinzufügen. Anschließend die Kartoffelwürfel unterheben und den Eintopf mit Gemüsebrühe und Weißwein aufgießen. Bei kleiner Hitze vor sich hin köcheln lassen, bis das Gemüse bissfest ist. Mit Zitronensaft, abgeriebener Zitronenschale sowie Salz und Pfeffer abschmecken. Mit einem Klecks Crème fraîche und der Gewürzmischung „Sesam, öffne Dich" anrichten und servieren.

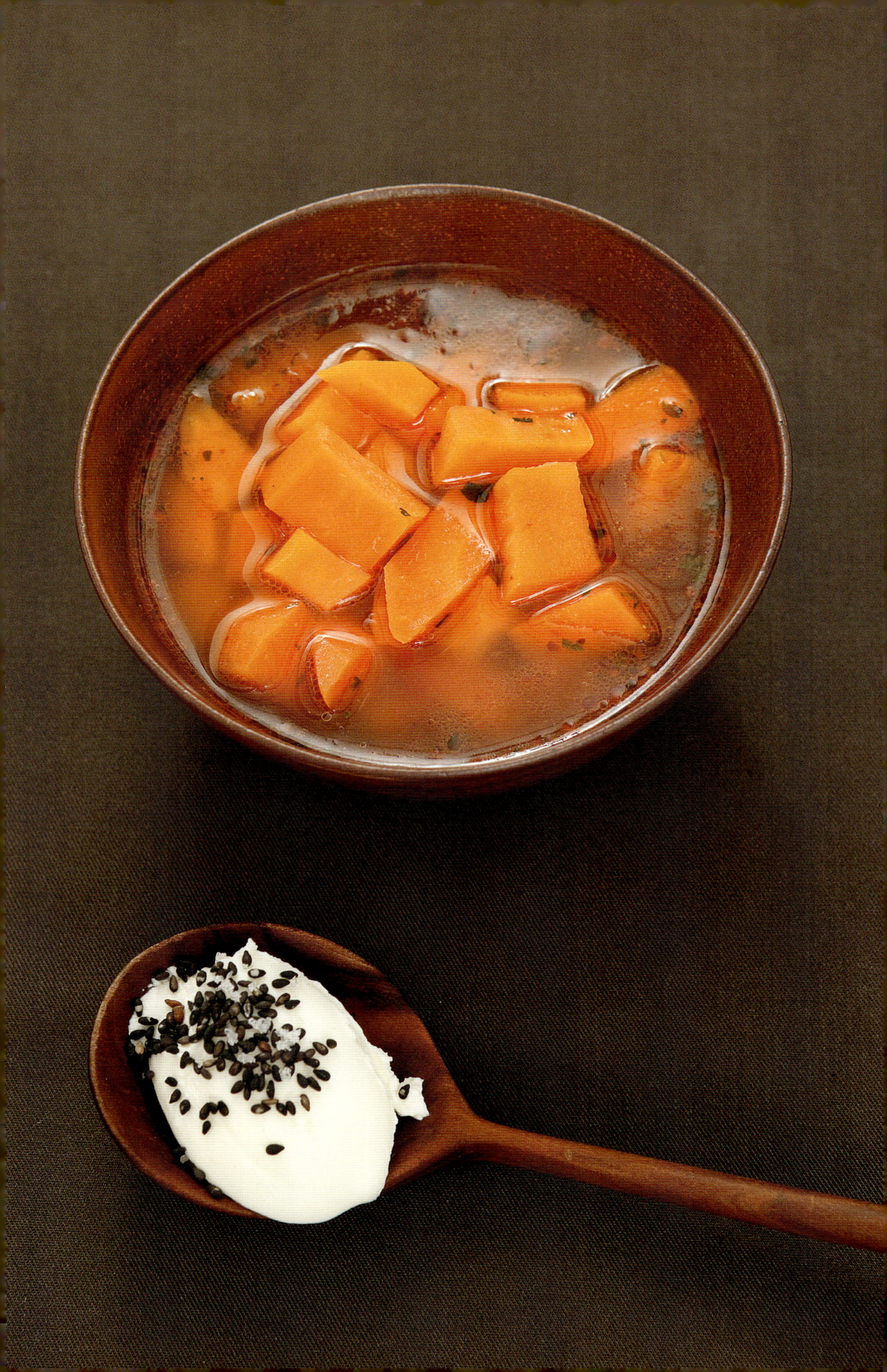

Bohnen-Apfel-Eintopf mit Nelken und Hackfleischbällchen

Für vier Personen

1 kleine Zwiebel
250 g Rinderhackfleisch
2 EL Semmelbrösel
1 Ei (Größe M)
Pfeffer und Salz nach Geschmack

400 g frische Buschbohnen oder breite Stangenbohnen
200 g dicke weiße Bohnen (Dose)
2 kleine Äpfel
2 kleine Zwiebeln
Öl zum Andünsten
1½ l Gemüsebrühe
1 Bund frisches Bohnenkraut
2 EL getrocknete Tomatenflocken
1 TL „Quatre Epices" (Rezept s. S. 169)

Rinderhackfleisch, fein gehackte Zwiebel, Semmelbrösel und Ei vermengen, zu einem Teig kneten, mit Pfeffer und Salz würzen, dann kühl stellen.
Bohnen waschen, putzen und in Stücke schneiden. Zwiebeln häuten, fein würfeln und bei kleiner Hitze in einem Topf in Öl andünsten. Währenddessen die Äpfel schälen, vierteln, entkernen und in kleine Stücke schneiden. Zusammen mit den getrockneten Tomatenflocken und der Gewürzmischung „Quatre Epices" unter die Zwiebeln mischen und kurz mitdünsten. Die Bohnen dazugeben und mit Gemüsebrühe ablöschen. Gemüse garen, bis es bissfest ist.
Das Wasser aus der Bohnendose abgießen, die weißen Bohnen in ein Sieb füllen, abbrausen und unter den Eintopf mischen. Aus der Rinderhackmasse kleine Klößchen formen, in die Suppe einlegen und gut zehn Minuten ziehen lassen. Das Bohnenkraut fein hacken und auf der fertigen Suppe anrichten.

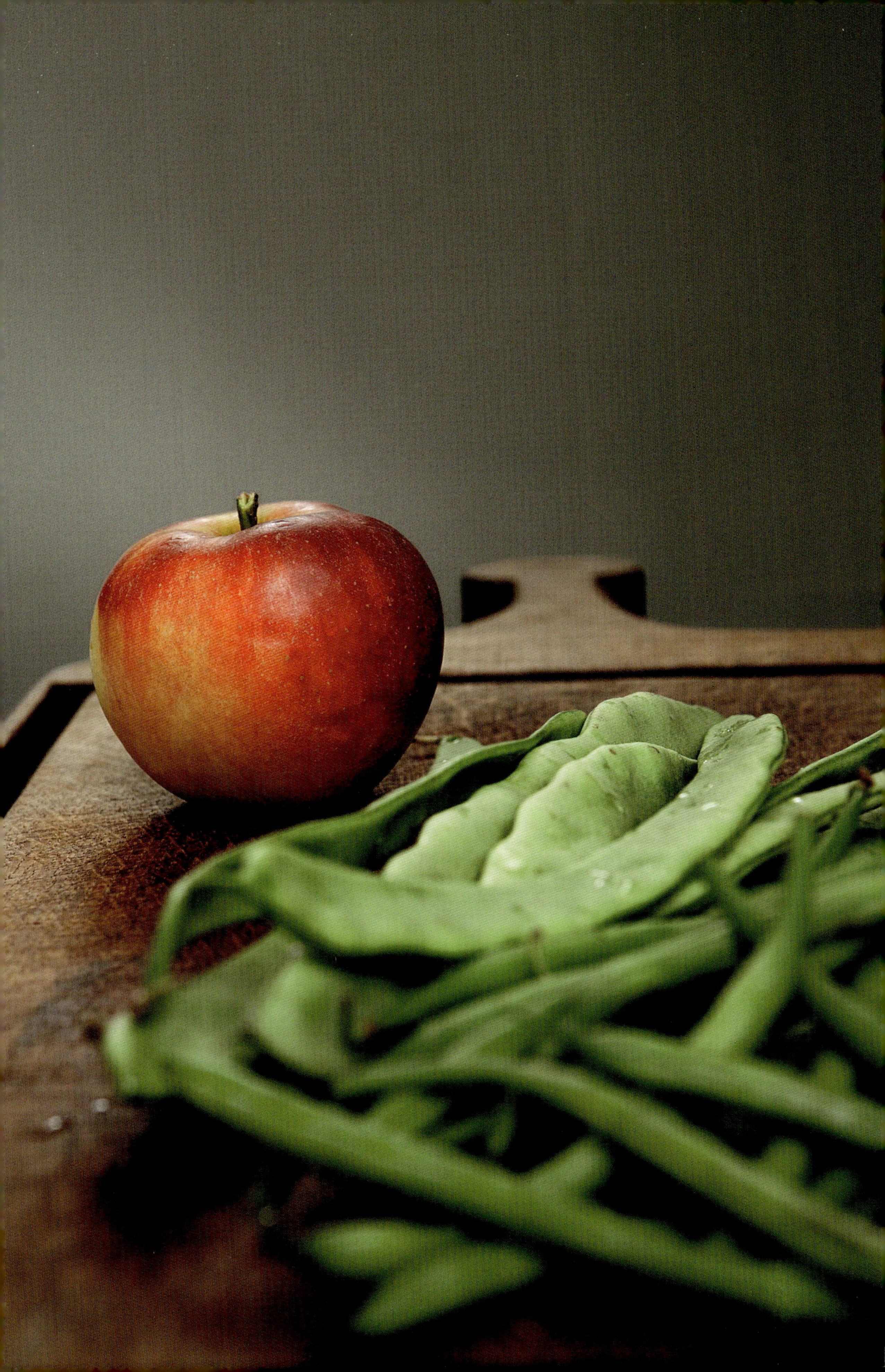

Kürbissuppe mit Birne und Zimtsahne

Für vier Personen

1 kg Hokkaido-Kürbis
3 kleine Zwiebeln
4 EL Kürbiskernöl
40 g frischer Ingwer
2 frische, reife Birnen
1½ l Gemüsebrühe
Pfeffer nach Geschmack
¼ l Sahne
Salz nach Geschmack
½ Espressolöffel Ceylon-Zimt, gemahlen
80 g Kürbiskerne, in einer beschichteten Pfanne geröstet

Kürbis waschen, halbieren, die Kerne mit einem Löffel entfernen, das Fruchtfleisch in grobe Stücke schneiden. Zwiebeln häuten, vierteln, den Ingwer schälen und fein hacken. Zwiebeln und Ingwer in Kürbiskernöl andünsten, Kürbis und Pfeffer dazugeben. Mit der Gemüsebrühe aufgießen, weich kochen und zu einer Crèmesuppe pürieren. Die Birnen schälen, vierteln, Kerngehäuse entfernen, das Fruchtfleisch mit einer Gabel zerdrücken. Das Mus mit einem Pürierstab in die Crèmesuppe einarbeiten, bis sie eine schöne, sämige Konsistenz hat.
Sahne schlagen, salzen und mit Zimt würzen. Die Suppe mit einer Zimtsahnehaube anrichten. Wer mag, streut noch geröstete Kürbiskerne darüber.

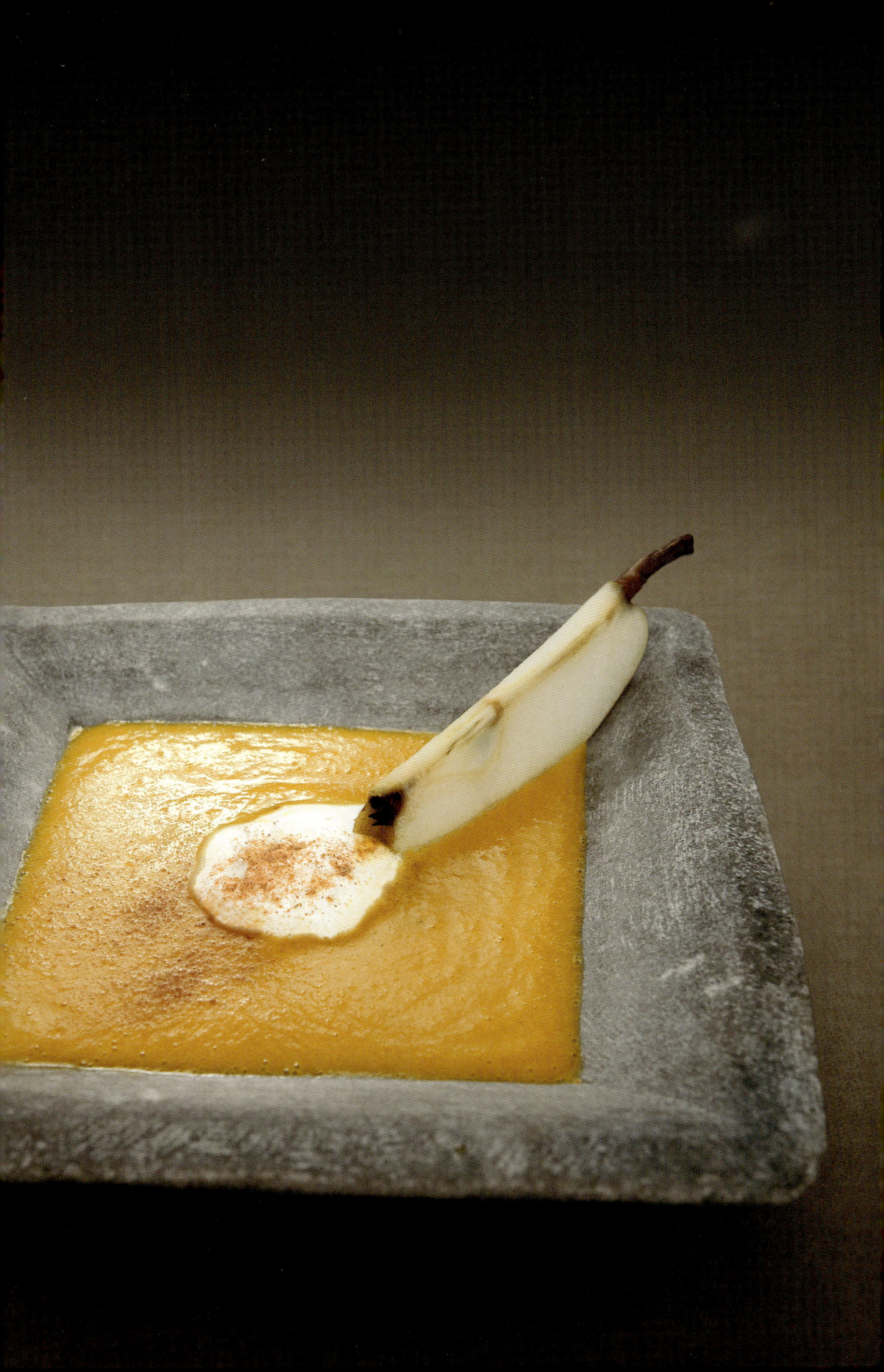

Lauch-Kokos-Suppe mit Cayennepfeffer und Dattel-Speck

Nicht nur ein genialer Sattmacher – auch ein Lichtblick an kalten Tagen! Die cremige Kokosmilch und der krosse Speck mit den Datteln machen gute Laune – und mit Cayennepfeffer (auch „Teufelspfeffer" genannt, also immer vorsichtig dosieren!) können Sie einer ersten winterlichen Erkältung vorbeugen.

Für vier Personen

1 kg Lauch
1 EL Öl zum Andünsten
¼ Espressolöffel Cayennepfeffer
¼ Espressolöffel Muskatblüte
½ Bio-Zitrone: Saft und abgeriebene Schale
Salz nach Geschmack
1 l Kokosmilch, ungesüßt
¼ l Gemüsebrühe
100 g Datteln, wahlweise getrocknet oder frisch
125 g Speckwürfel

Lauch längs anschlitzen und unter fließendem Wasser putzen, dann in Ringe schneiden und kurz in Öl andünsten. Cayennepfeffer untermischen und mit Kokosmilch und Gemüsebrühe aufgießen. Den Eintopf einmal aufkochen und dann etwa fünf Minuten köcheln lassen. Mit Zitronensaft, -schale und Muskatblüte abschmecken. Die Speckwürfel in einer beschichteten Pfanne auslassen, währenddessen die Datteln klein schneiden und dazugeben. Die Suppe am besten in tiefen Tellern servieren und mit dem Dattelspeck garnieren.

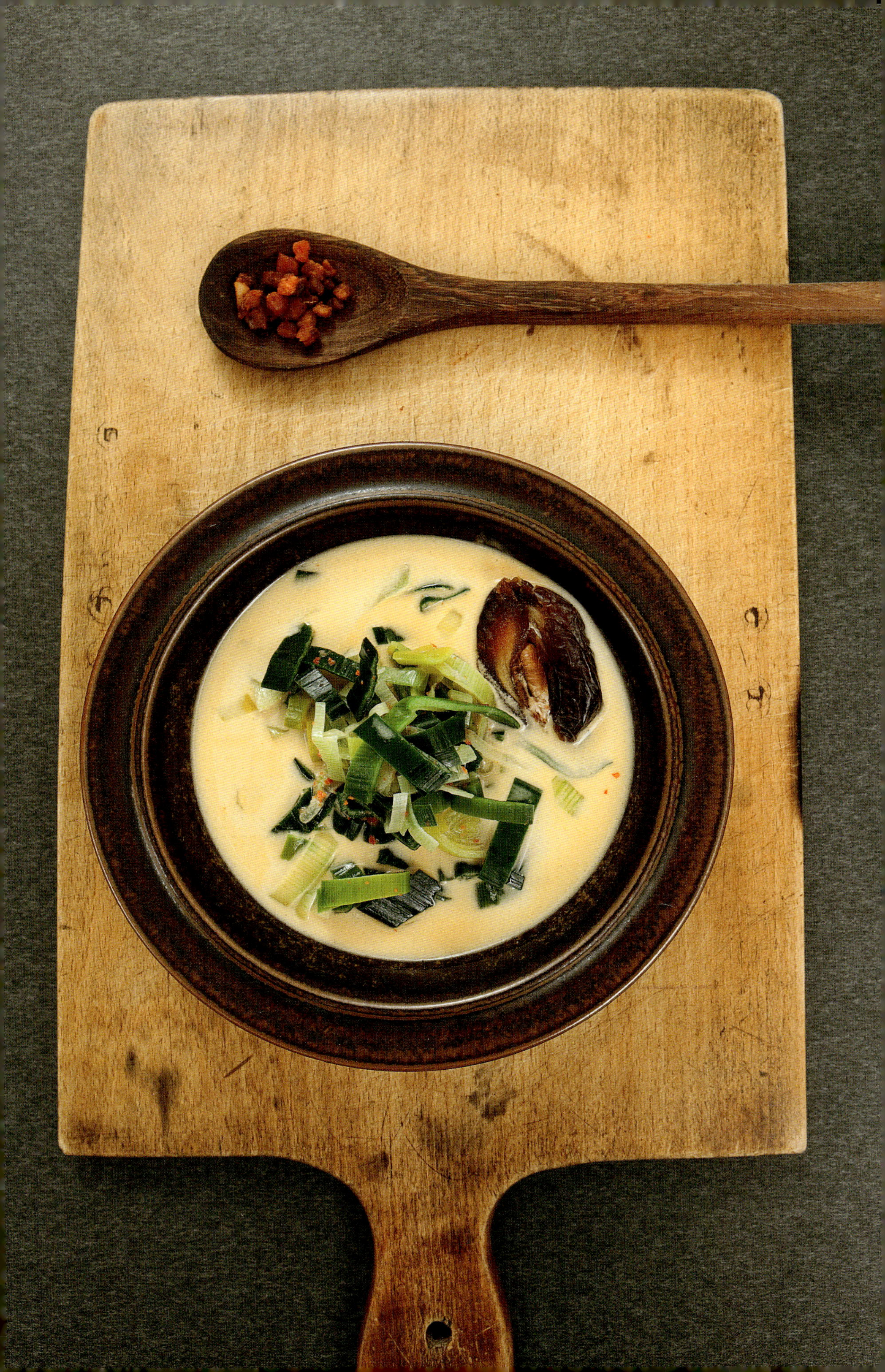

Kartoffel-Meerrettich-Topf mit Zitrone und geräucherter Forelle

Für vier Personen

2 kleine Zwiebeln
2 EL Rapsöl
500 g Kartoffeln, mehlig
500 g Kartoffeln, speckig
1 l Gemüsebrühe
80 g frische Meerrettichwurzel
½ Bio-Zitrone: Saft und abgeriebene Schale
½ Bund frischer Dill
4 kleine geräucherte Forellenfilets

Zwiebeln häuten, fein würfeln und bei kleiner Hitze in Öl andünsten. Inzwischen die Kartoffeln schälen, in mundgerechte Stücke schneiden, dazufügen und das Ganze mit Gemüsebrühe aufgießen. Zitronensaft und fein abgeriebene Schale unterrühren, die Kartoffeln weich kochen. Währenddessen die Meerrettichwurzel mit einem scharfen Messer schälen und mit einer guten Reibe (s. unter „Werkzeuge") oder in einer Küchenmaschine fein reiben. Ein Viertel der Kartoffelsuppe zusammen mit dem Meerrettich pürieren und unter die restliche Suppe ziehen. Mit frisch gehacktem Dill und geräuchertem Forellenfilet anrichten und servieren.

Meerrettich ist ein echter Winterzeit-Überbrücker! Die braune Wurzel enthält die Vitamine B und C, Kalium, Kalzium, Eisen, Magnesium und ätherische Öle, die antibiotisch wirken. Verwenden Sie Meerrettich frisch gerieben. Das Fertigprodukt im Glas ist in der Regel mit Schwefel konserviert und längst nicht so lecker und gesund!

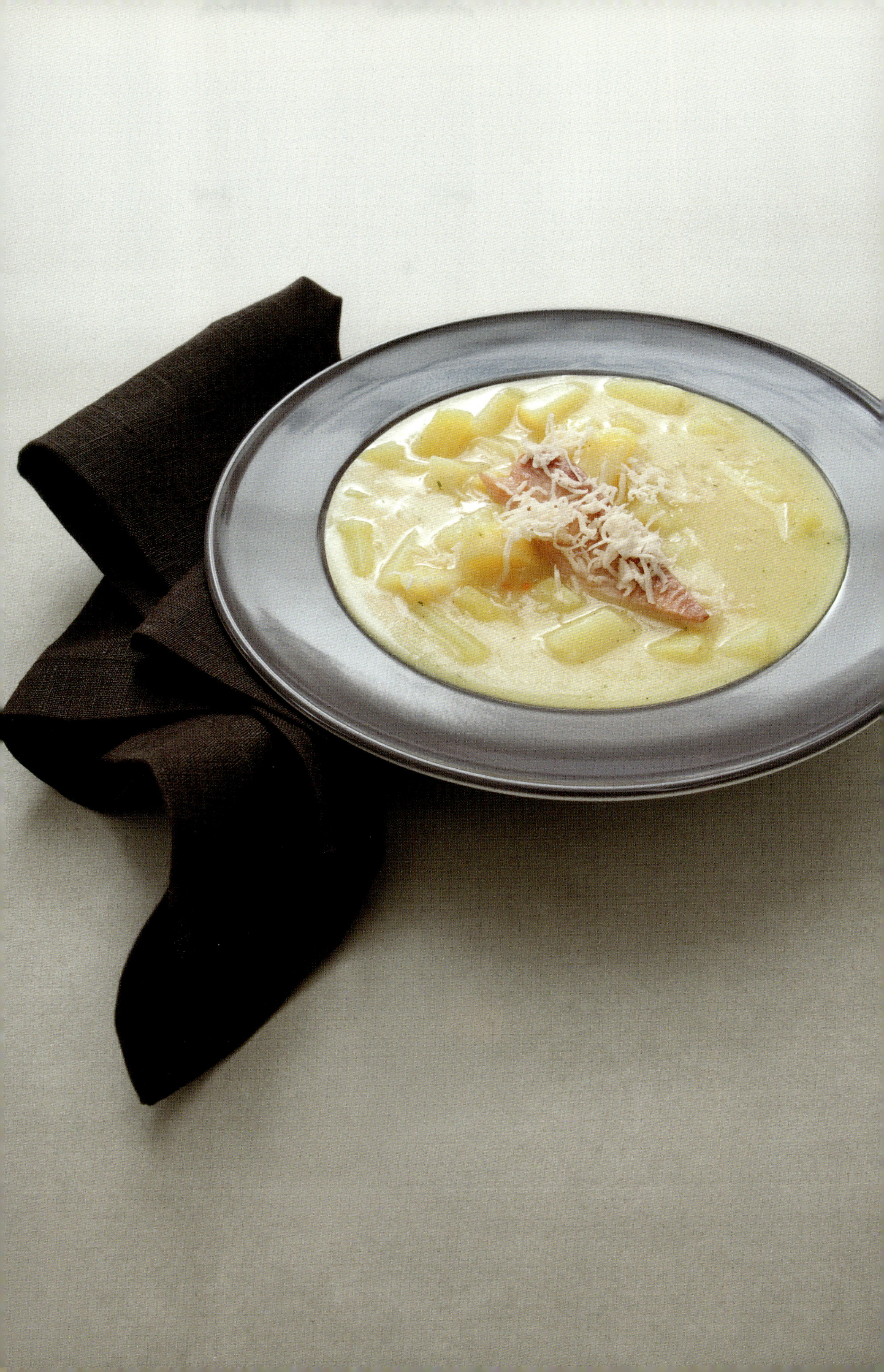

Linseneintopf mit getrockneten Tomaten, Piment und Pfeffer

Für vier Personen

250 g grüne oder braune Tellerlinsen
2 EL getrocknete, in Öl eingelegte Tomaten
2 kleine Zwiebeln
2 große Karotten
¼ Bund Staudensellerie
6 Pimentkörner, gemahlen
¼ Espressolöffel Sichuanpfeffer
1¼ l Gemüsebrühe
200 ml Crème fraîche
1 kleiner Apfel

Zwiebeln häuten, fein würfeln und im Suppentopf mit einem reichlichen Esslöffel Gewürzöl von den eingelegten Tomaten andünsten. Die Tomaten fein hacken und dazugeben. Die im Mörser fein zerstoßenen Piment-Körner und den gemahlenen Pfeffer bei niedriger Temperatur kurz mitdünsten. Dann die geschälten, gewürfelten Karotten und den in Ringe geschnittenen Staudensellerie daruntermischen. Die Linsen dazugeben und mit der Gemüsebrühe ablöschen. Etwa 15 Minuten ohne Deckel köcheln lassen, dabei immer wieder umrühren. Achtung: Linsen hängen leicht an. Bei Bedarf noch Gemüsebrühe zugeben, köcheln lassen, bis die Linsen bissfest sind. Den Apfel schälen, fein würfeln, mit Salz und Pfeffer abschmecken und mit der Crème fraîche zu einem Topping verrühren, anschließend auf dem Linseneintopf anrichten.

Viele Linsenfans macht erst der Geschmack von geräuchertem Speck so richtig glücklich. Deshalb lasse ich im Laden Speckwürfel einfach separat in einer beschichteten Pfanne aus. Wer mag, kann damit sein Suppen-Topping „krönen". So sind Speckfans und Vegetarier gleichermaßen zufrieden.

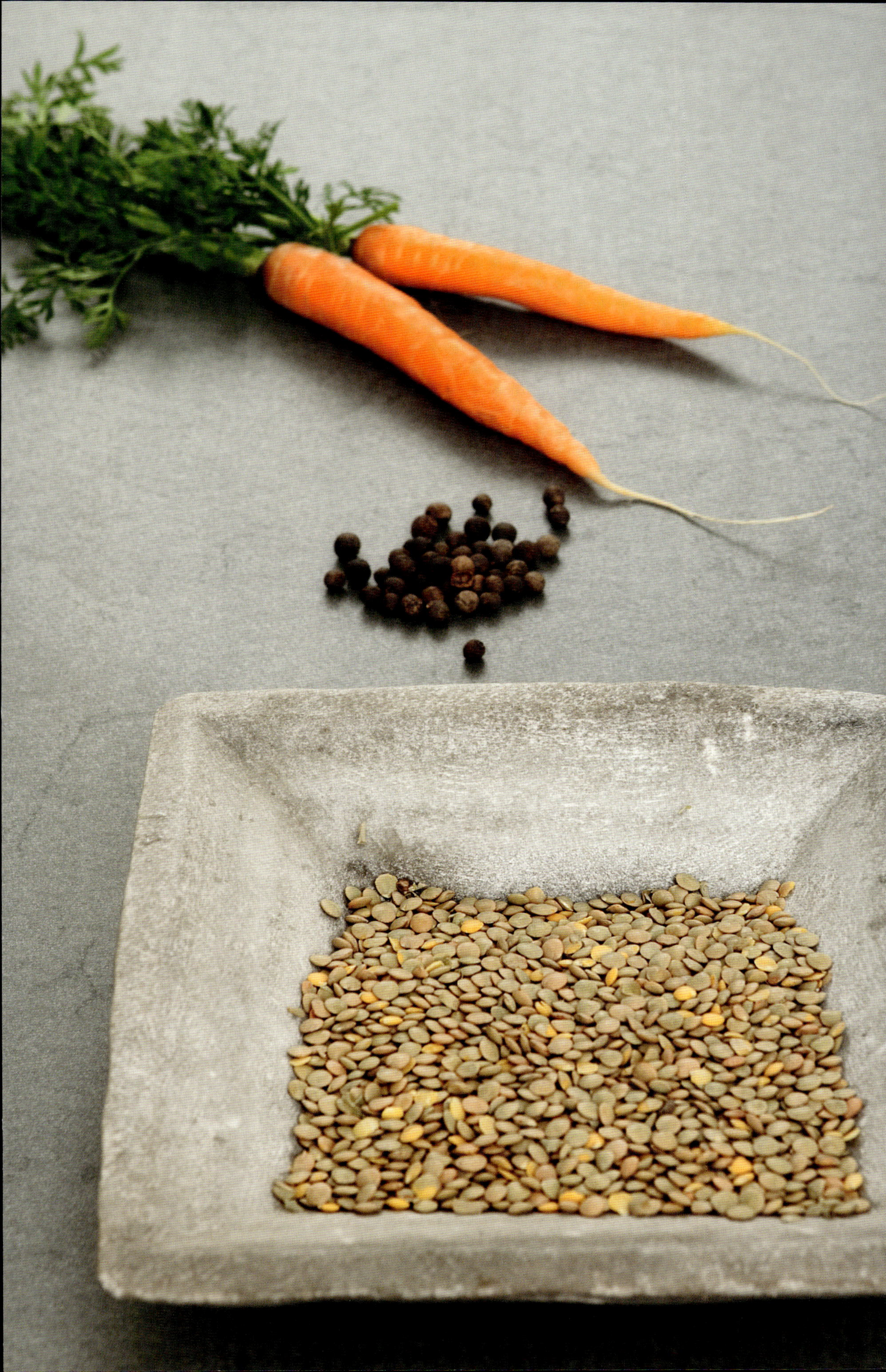

Karibische Kartoffelsuppe mit frischer Ananas und Koriandergrün

Für vier Personen

1 kg festkochende Kartoffeln
1 Stange Lauch
1 EL Raps- oder Erdnussöl
3 EL Karibisches Curry (Rezept s. S. 169)
1 l Kokosmilch, ungesüßt
¼ l Gemüsebrühe
1 TL frischer Zitronensaft
1 Bund frisches Koriandergrün
½ frische Ananas

Die Kartoffeln schälen und in mundgerechte Stücke würfeln. Den Lauch putzen, in etwa einen Zentimeter dicke Ringe schneiden und im Topf mit dem Öl andünsten. Die Gewürzmischung „Karibisches Curry" und die Kartoffelwürfel dazugeben. Dann mit Kokosmilch und Gemüsebrühe aufgießen. Wenn die Kartoffeln bissfest sind, Zitronensaft unterrühren, mit Salz und eventuell Cayennepfeffer je nach gewünschter Schärfe abschmecken. Die Suppe im Topf mit geschlossenem Deckel „ruhen lassen" (Herd ausschalten!). Währenddessen die Ananas in mundgerechte Stücke schneiden und auf Schaschlikspieße stecken. Zur Dekoration können Sie das Ananasgrün im Wechsel zwischen die Fruchtstücke setzen. Das Koriandergrün waschen und grob hacken.
Die Suppe in Suppenschalen anrichten, mit Koriandergrün bestreuen und je einen Ananasspieß über die Schalen legen.

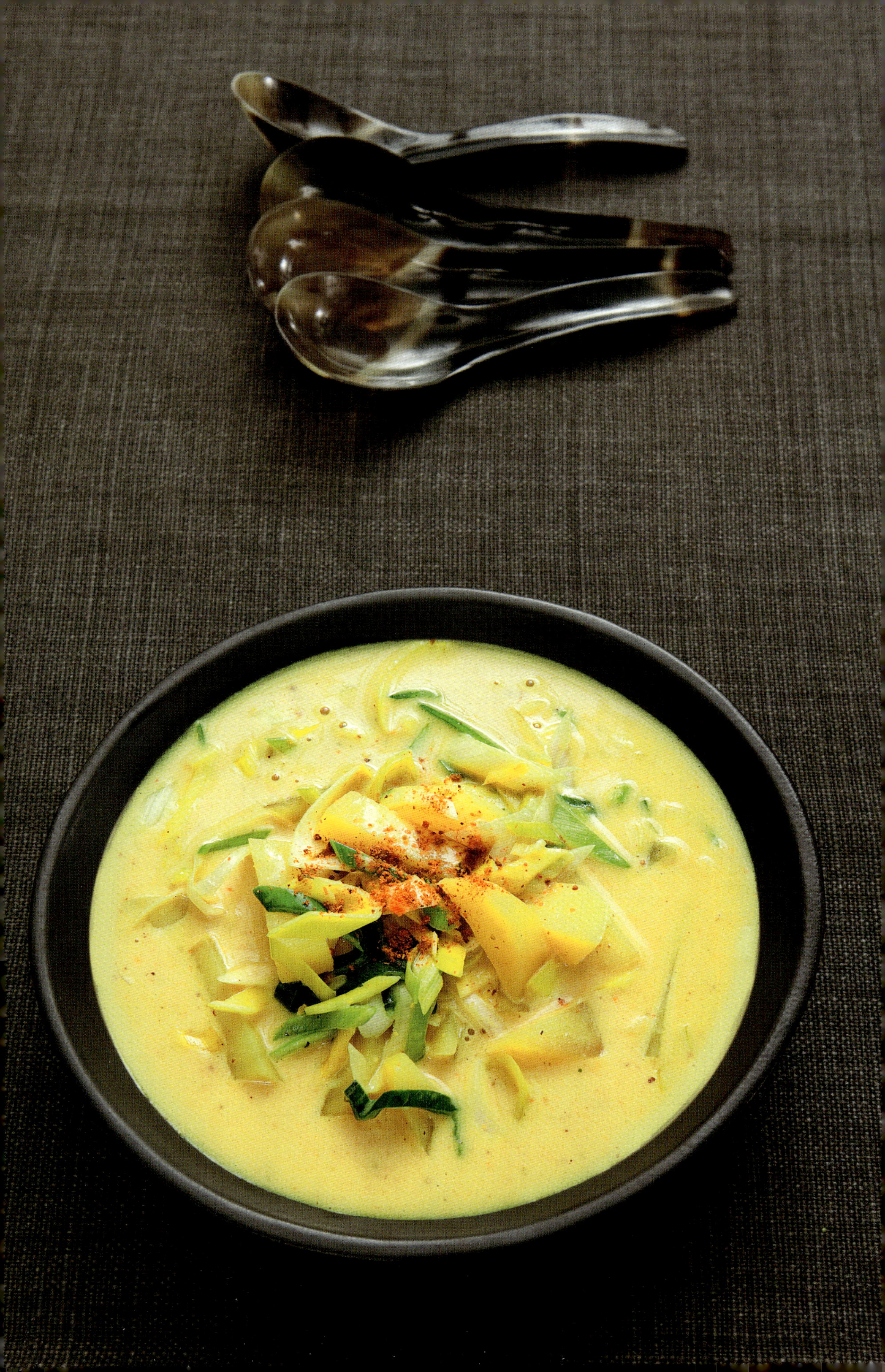

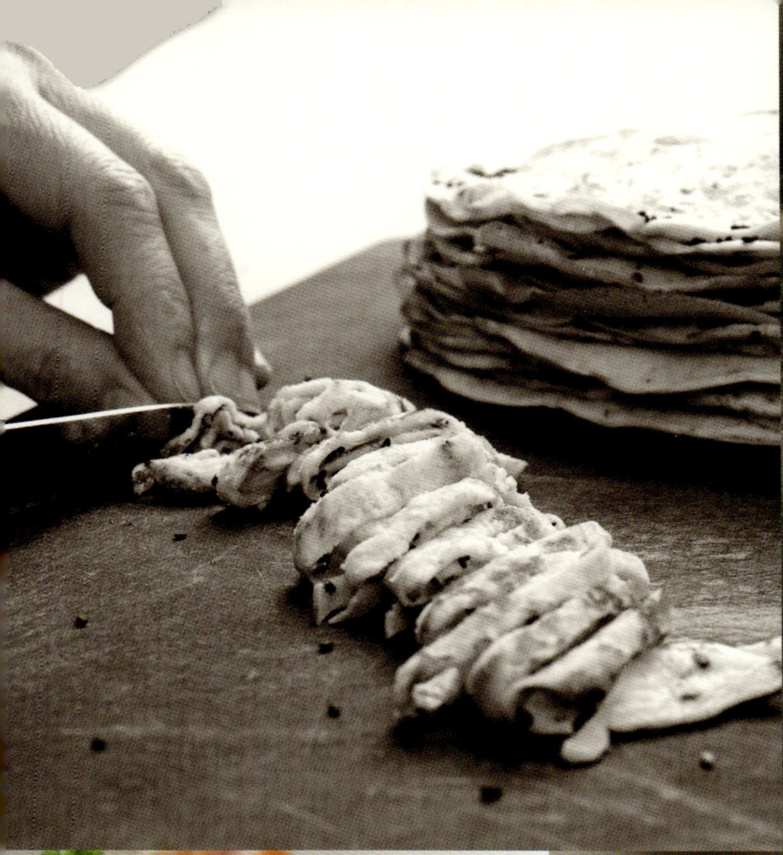
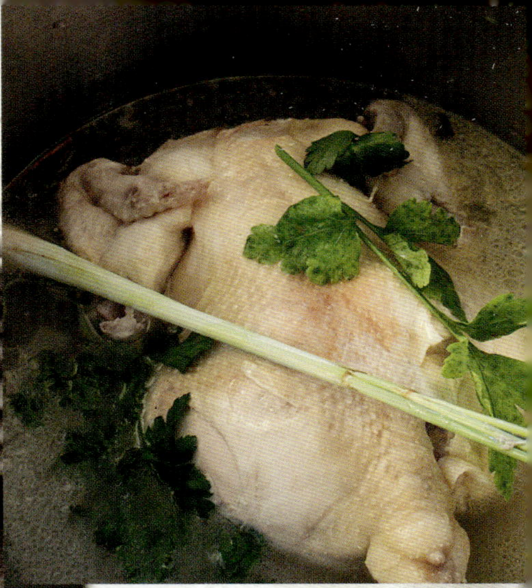
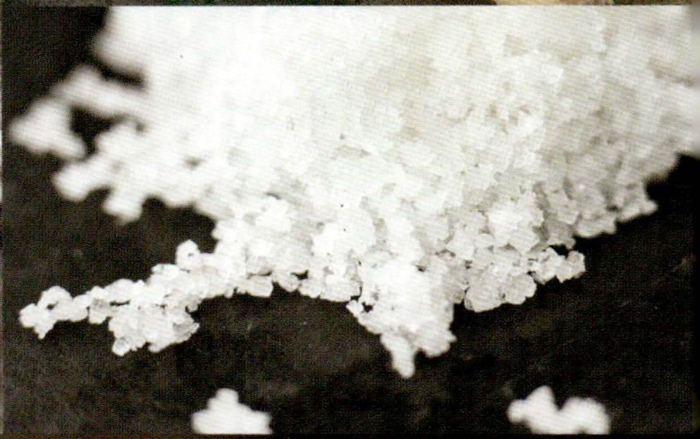
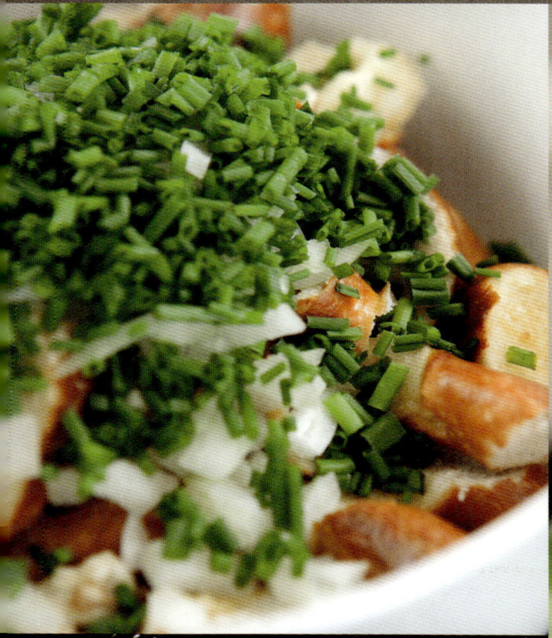
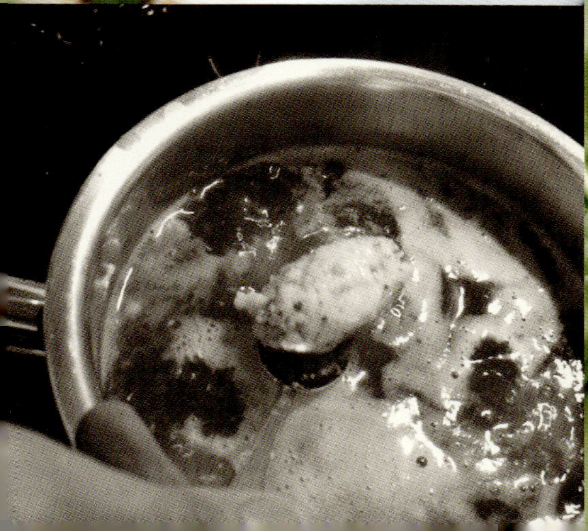
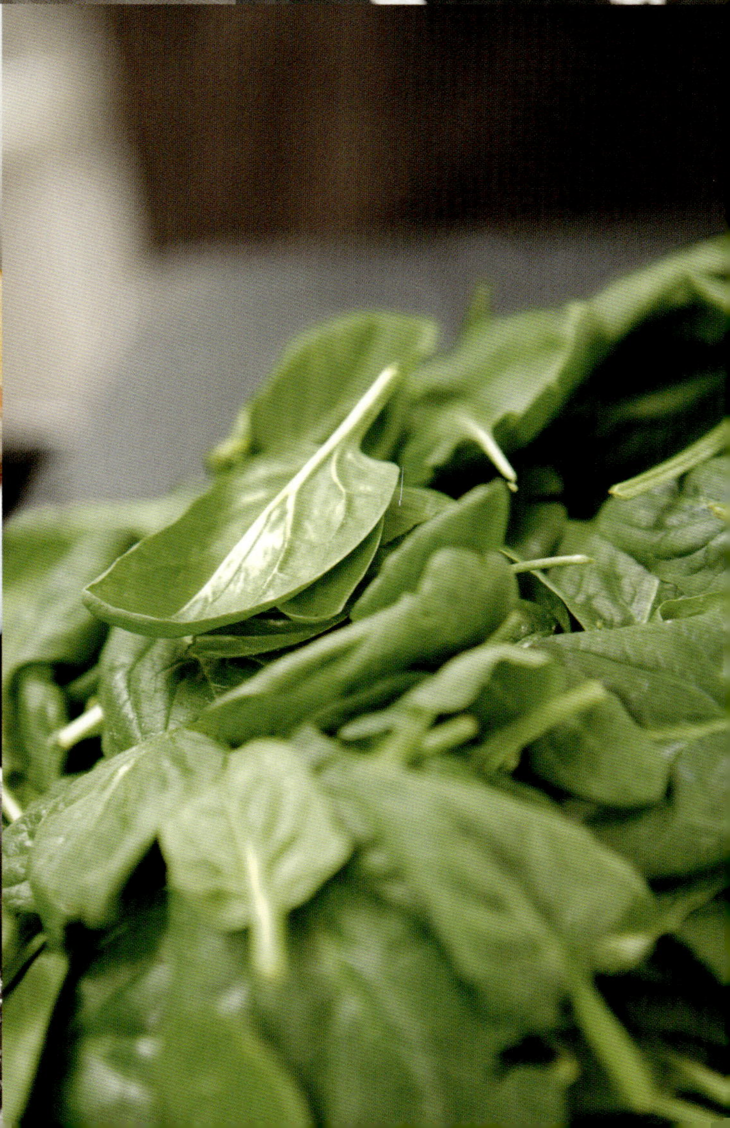

Seelentröster

... sind für viele von uns Kindheitssuppen: ein bestimmter Geruch, ein einzigartiger Geschmack und das Gefühl von Geborgenheit. Solche Wundersuppen konnten unsere Mütter, Großmütter oder Tanten auf den Tisch zaubern. Das waren Suppen gegen Schnupfen und Husten, gegen Bauchweh und Tränchen. Der durch die ganze Wohnung ziehende Duft lockte uns magisch an den Herd. Andächtig haben wir die „Seelentröster-Suppen" ausgelöffelt und mit einem Brotkanten die Schüssel bis auf den letzten Tropfen ausgewischt.
Und war nicht auch unser erster Kochversuch im Sandkasten eine Suppe, von der jeder unbedingt probieren musste?
Diese Suppen sind für mich Friedens-Nobelpreis-verdächtig. Denn danach ist eigentlich „fast alles wieder gut".

Rinderbouillon mit Spinateierstich

Für vier Personen

1½ l Rinderbouillon (Rezept s. S. 162)
Für dieses Rezept mit zwei Msp gemahlener Vanille würzen

3 Eier (Größe M)
⅛ l Milch
400 g Babyblattspinat
Muskatnuss und Salz nach Geschmack
Butter für die Form

Eier und Milch mit Salz und Muskat zu einer Eiermilch vermischen, ohne dass Blasen oder Schaum entstehen. Den Spinat waschen, in einem Sieb sehr trocken schleudern und fein hacken. Unter die Eiermilch heben, die Masse in eine flache, mit Backpapier ausgelegte feuerfeste Form (etwa 30 x 25 cm) gießen. Backofen auf 120 Grad vorheizen und das tiefe Backofenblech mit Wasser füllen. Die Form mit dem Spinateierstich in diesem Wasserbad im Ofen ungefähr 45 Minuten stocken lassen. Auskühlen lassen und den Eierstich aus der Form lösen. In kleine Rauten schneiden, auf die Suppenteller verteilen und mit der Rinderbouillon übergießen.

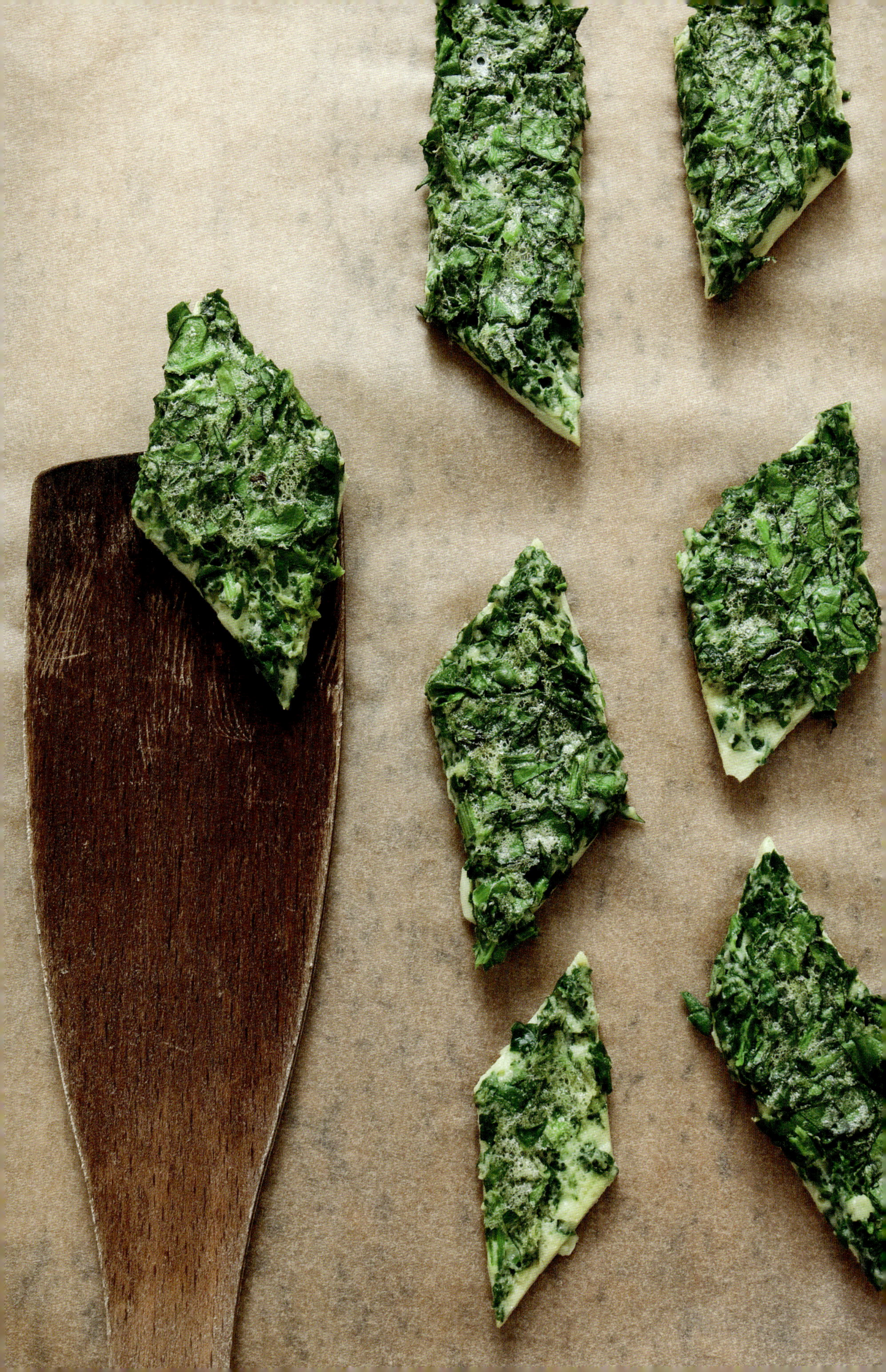

Egerling-Rahmsuppe mit Brezenknöderln

Für vier Personen

120 ml Milch
1 Ei (Größe M)
130 g Laugenbrezen vom Vortag
Pfeffer nach Geschmack
½ Zwiebel
½ Bund frischer Schnittlauch
400 g Egerlinge
¾ l Sahne
¼ l Gemüsebrühe
⅛ l Weißwein
1 kleine Zwiebel
1 EL Butter zum Andünsten
Muskatnuss und Pfeffer nach Geschmack
1 TL Zitronensaft
½ Bund frische Petersilie

Milch erwärmen und das Ei unterquirlen. Die Mischung über die gewürfelten Brezenstücke gießen, mit einem Topfdeckel oder einer Folie abdecken. Die halbe Zwiebel fein würfeln und in einer beschichteten Pfanne dünsten, bis sie eine gelbe Farbe angenommen hat, den Schnittlauch in Röllchen schneiden und beides in den Brezenteig einarbeiten. Mit Pfeffer würzen, zudecken und 30 Minuten lang ruhen lassen. Salzwasser zum Kochen bringen, kleine Knödel formen und 20 Minuten darin garziehen lassen. Währenddessen die Egerlinge putzen, in feine Scheiben schneiden, die Zwiebel fein würfeln und in Butter andünsten. Mit dem Weißwein, der Gemüsebrühe und der Sahne ablöschen. Die Suppe mit einer Prise frisch geriebener Muskatnuss, einer Prise Pfeffer sowie Zitronensaft würzen und etwa zehn Minuten einkochen. Den Topf vom Herd nehmen, die Egerlinge unterziehen, einmal kurz aufkochen lassen und grob pürieren. Die Brezenknöderl im Teller anrichten, die Rahmsuppe darübergießen und mit frisch gehackter Petersilie bestreuen.

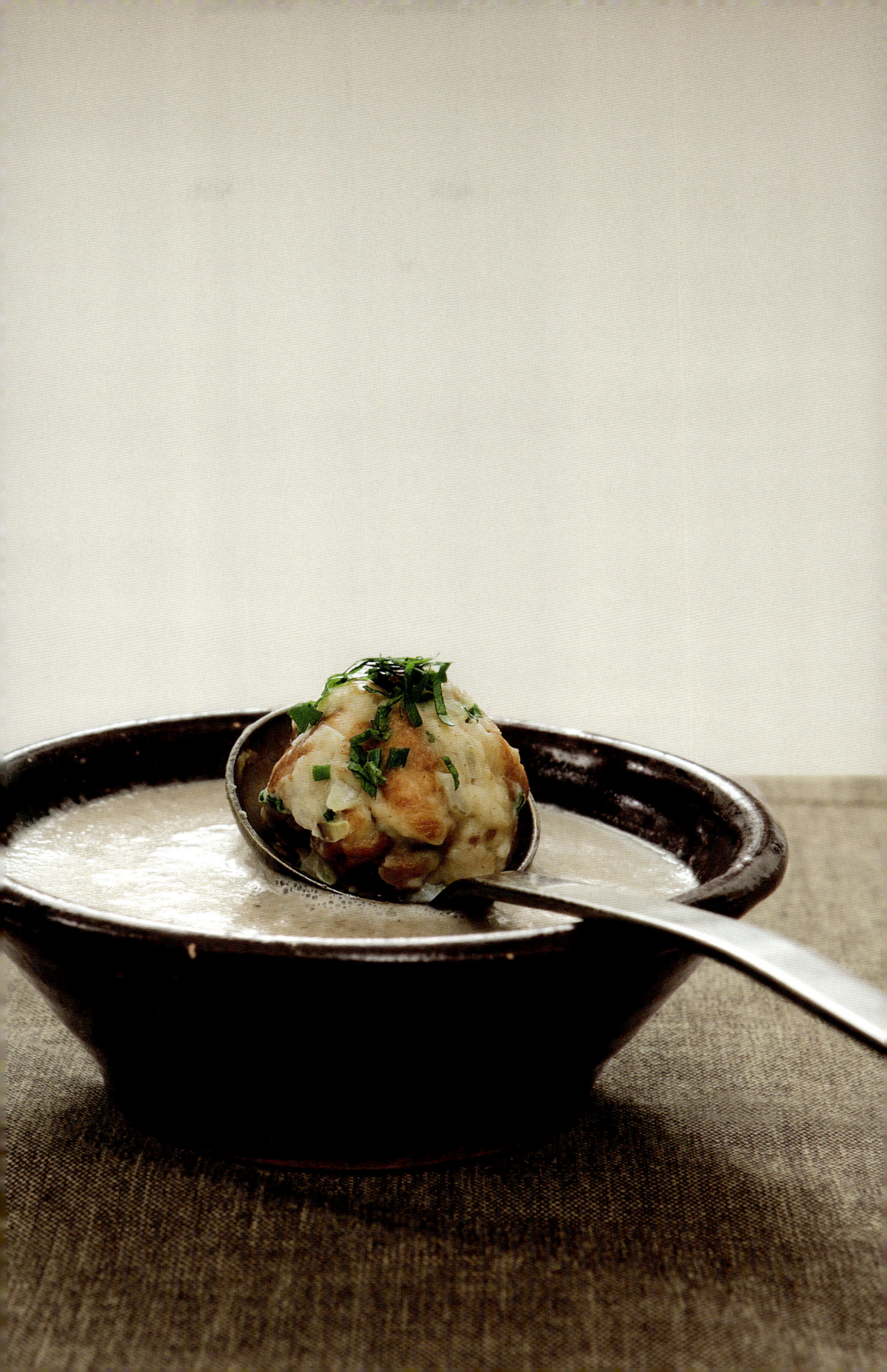

Hühnersuppe mit Zitronengras und Wintergemüse

Für vier Personen

1 kleines Huhn
4 Karotten
½ Spitzkohl
1 Stange Lauch
2 Stängel Zitronengras
Salz und Pfeffer nach Geschmack
3 Lorbeerblätter
2 Msp Kurkuma

Das Huhn kalt abwaschen, mit dem Lorbeer, angedrückten Zitronengrasstängeln und Wasser (das Fleisch sollte gut bedeckt sein) je nach Größe des Huhns 30 bis 40 Minuten köcheln lassen.
Währenddessen Karotten schälen und in Scheiben schneiden, Lauch putzen und in Ringe schneiden. Den Strunk aus dem Spitzkohl entfernen und den Kohl zu schmalen, kurzen Streifen verarbeiten. Das Huhn und das Zitronengras aus dem Sud nehmen und das Gemüse darin garen, bis es bissfest ist. Inzwischen das Huhn entbeinen (d.h. Haut und Knochen entfernen), dann das Fleisch in mundgerechte Stücke schneiden und wieder zur Suppe geben. Mit Salz, Pfeffer, Kurkuma und einem Schuss Zitronensaft abschmecken, wer es „sättigender" mag, packt noch frisch gekochte Nudeln in die Suppe.

Damit Zitronengras sein Aroma voll entfalten kann, sollten Sie die erste Blätterschicht abnehmen und die Stängel mit dem Stößel des Mörsers oder mit dem Rücken einer Schöpfkelle anquetschen. Wenn Sie ein paar Stängel Zitronengras übrig haben, kochen Sie diese zehn Minuten in heißem Wasser aus. Mit Honig und frisch geriebenem Ingwer ergibt das einen wunderbaren Wintertee!

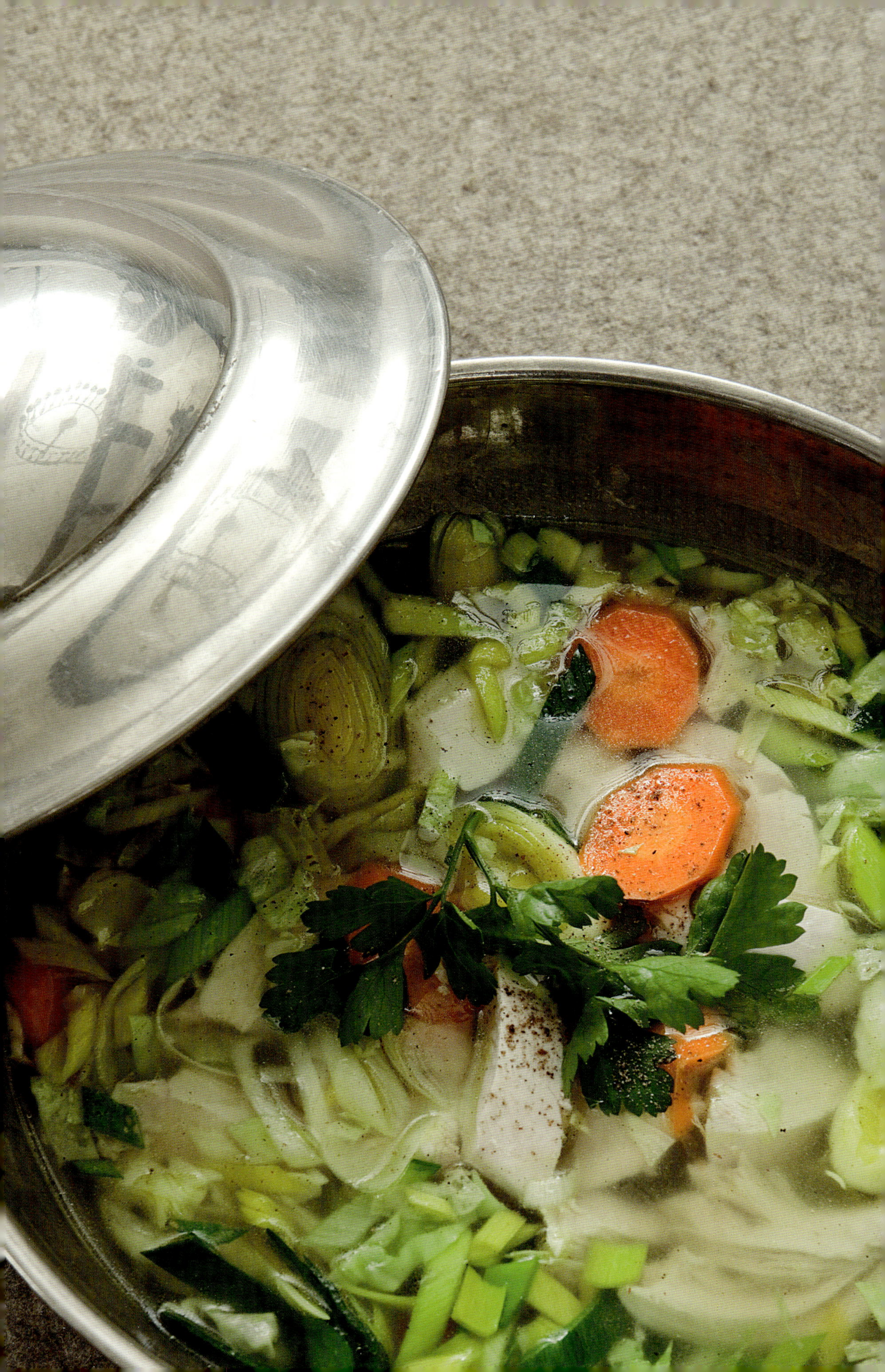

Tafelspitzsuppe mit Marktgemüse

Für vier Personen

500 g Tafelspitz vom Jungbullen
3 Lorbeerblätter
1–2 TL Salz
250 g Karotten
½ Bund Staudensellerie
3 Zwiebeln
2 Kohlrabi mit Blattgrün
250 g Kartoffeln
Bunter Pfeffer aus der Mühle nach Geschmack
½ Bund frische Petersilie
½ Bund frischer Liebstöckel

Tafelspitz unter kaltem Wasser abbrausen, in den Suppentopf legen, die Lorbeerblätter dazugeben und mit Wasser auffüllen, bis das Fleisch gut bedeckt ist. 90 Minuten bei geschlossenem Deckel vor sich hin köcheln lassen. Währenddessen Gemüse schälen und putzen, aber ganz lassen. Die schönsten Kohlrabiblätter aufheben. Das Fleisch aus dem Topf nehmen und unter einer Folie abkühlen lassen. Die Gemüse ganz, den Staudensellerie halbiert sowie die Kohlrabiblätter in die Brühe einlegen und ungefähr 30 Minuten lang kochen, bis sie bissfest sind. Währenddessen das Fleisch in feine Streifen schneiden, Gemüse aus der Brühe nehmen, die Zwiebeln und die Kohlrabiblätter entsorgen und das restliche Gemüse in mundgerechte Stücke schneiden. Alles zurück in den Suppentopf geben und mit Salz und Pfeffer abschmecken. Petersilie und Liebstöckel fein hacken und über die Suppe streuen.

Wenn Sie Ihre Fantasie spielen lassen, wird dieser Suppenklassiker zum unendlichen Verwandlungskünstler! Suchen Sie sich Ihr Lieblingsgemüse aus, ob Fenchel, Steckrübe, Pastinake, Petersilienwurzel oder weißer Sellerie (beim Gemüsehändler mit Blattgrün: eine besondere Würze) und kreieren Sie Ihre Lieblings-Tafelspitzsuppe! Das Prinzip, das Gemüse im Ganzen zu kochen und erst danach zu zerteilen, sorgt für ein einzigartiges Aroma und den richtigen Biss. Wer die Kartoffeln weglassen will, kocht in einem anderen Topf Nudeln und gibt sie dann nach Bedarf portionsweise zur Suppe – so können die Nudeln in der Suppe nicht matschig werden.

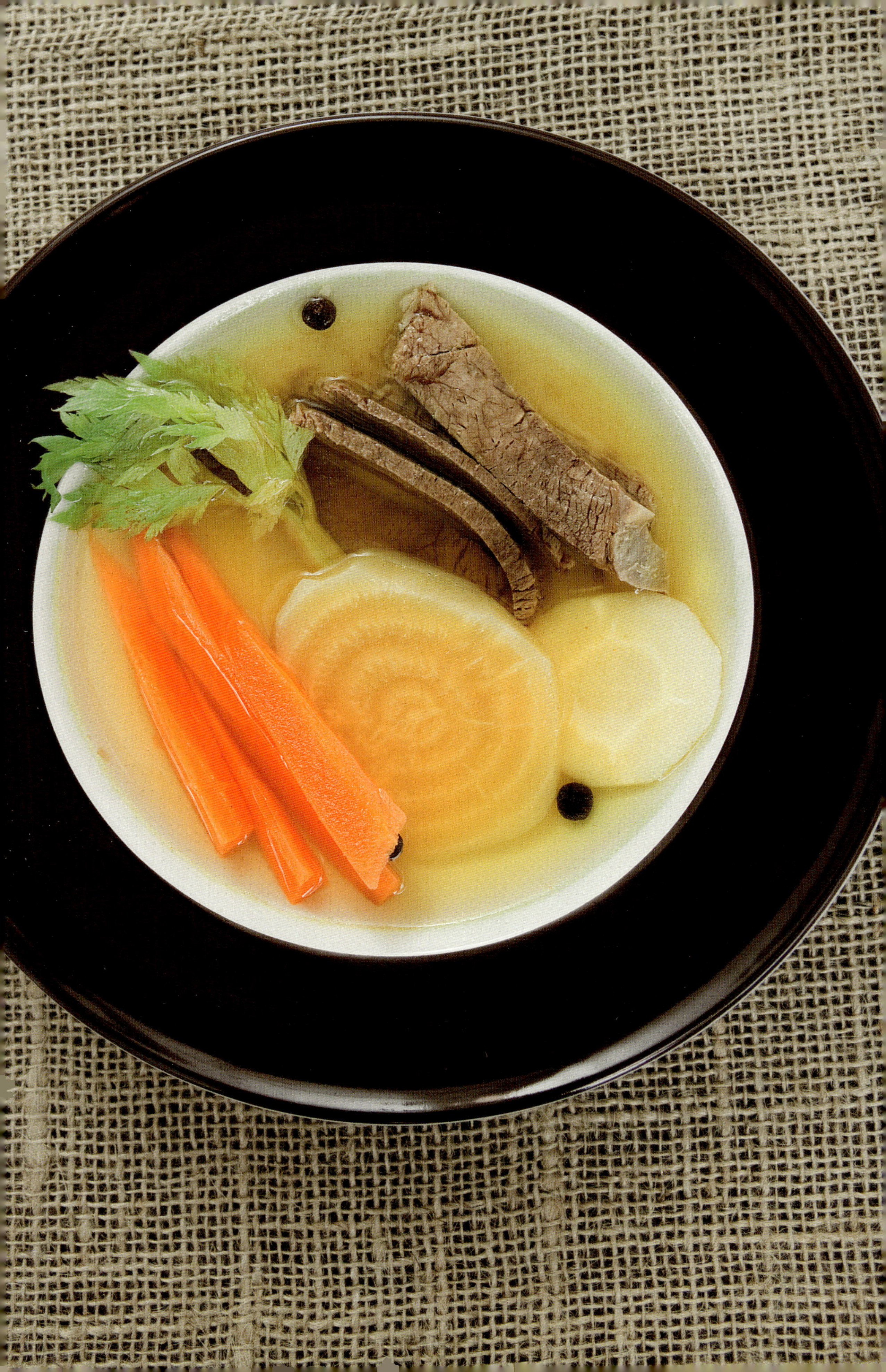

Pfannkuchensuppe mit Sesam und Karotten

Für vier Personen

2 Eier (Größe M)
⅛ l Milch
1 EL zerlassene Butter
60 g Mehl
Salz nach Geschmack
1 kleine Karotte
1 EL schwarze Sesamsaat
1 l Gemüsebrühe (Rezept s. S. 160)
2 Msp Muskatblüte
Schwarzer Pfeffer nach Geschmack
1-2 EL Sojasoße

Milch, Eier, die zerlassene Butter, Salz und Mehl im Mixer zu einem glatten Teig verarbeiten. Karotte fein reiben und zusammen mit dem schwarzen Sesam unter den Teig heben. Den Teig zehn Minuten ruhen lassen und dann die Pfannkuchen in einer beschichteten Pfanne in Butter ausbacken. Noch warm zusammenrollen und in feine Streifen schneiden. Gemüsebrühe mit zwei Prisen Muskatblüte, Pfeffer und Sojasoße würzen, die Bouillon über die Pfannkuchenstreifen gießen und sofort servieren – ein Genuss!

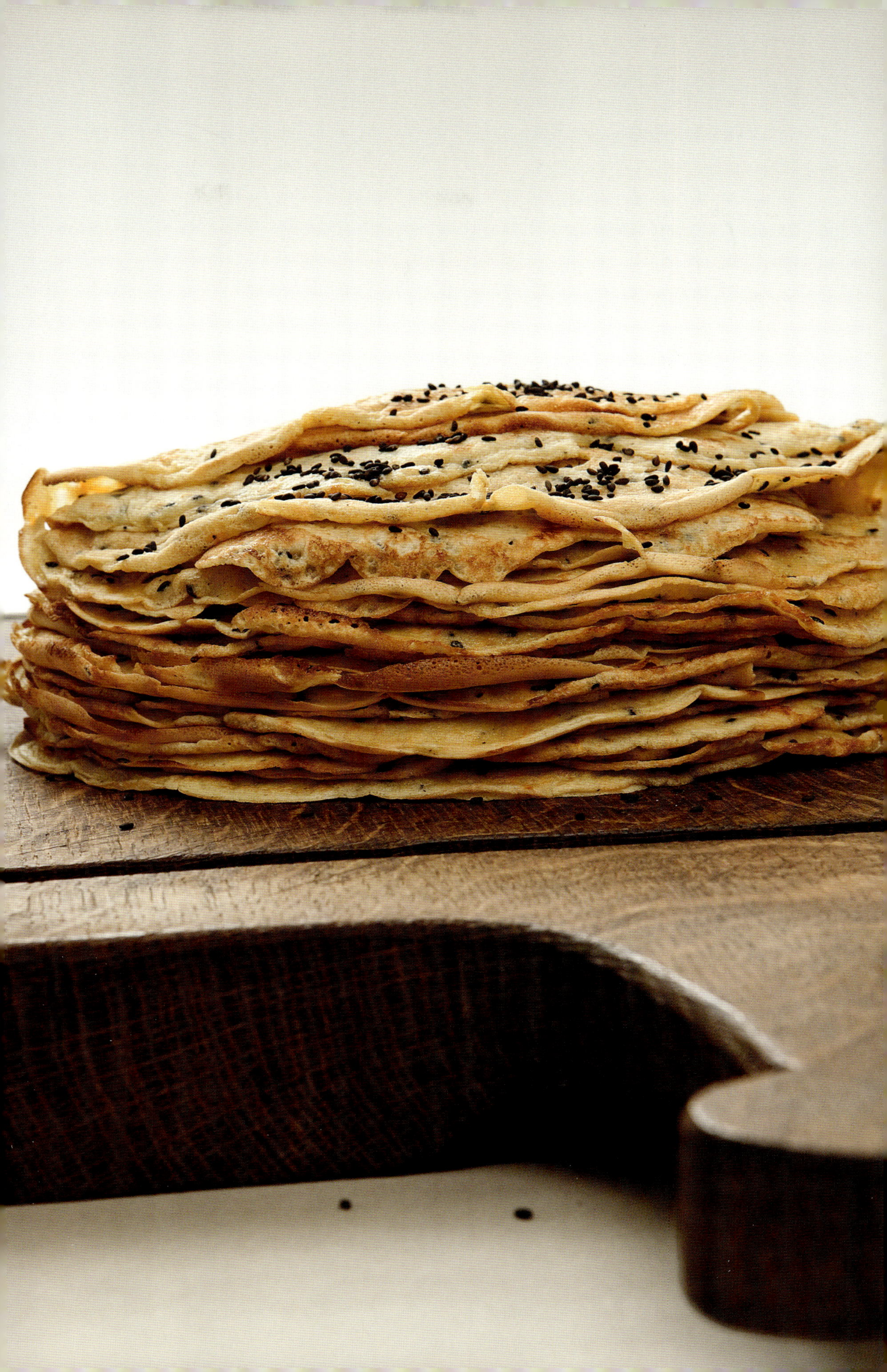

Kartoffelsuppe mit Wiener Würstl

Für vier Personen

400 g Kartoffeln, mehlig
400 g Kartoffeln, speckig
½ Bund Staudensellerie
4 Karotten
2 Zwiebeln
1½ l Gemüsebrühe
4 Paar Wiener Würstl
½ Bund frische Petersilie
½ Bund frischer Majoran
Öl zum Andünsten
Pfeffer und Piment nach Geschmack
2 Lorbeerblätter
1 TL abgeriebene Bio-Zitronenschale

Kartoffeln und Karotten schälen, den Staudensellerie in etwa zentimeterlange Stücke schneiden. Zwiebeln in Öl andünsten, Karotten, Staudensellerie, Kartoffeln und Lorbeerblätter dazugeben und kurz mitschmoren, mit Gemüsebrühe ablöschen. Das Gemüse in der Suppe kochen, bis es gar ist. Mit Pfeffer, Piment (im Mörser zerstoßen) und abgeriebener Zitronenschale würzen. Zwei Schöpflöffel Suppe abnehmen, pürieren und wieder unter die Suppe ziehen. Die Würstl in breite Rädchen schneiden und auf Suppentellern anrichten. Die Kartoffelsuppe darübergießen und mit fein gehackter Petersilie oder Majoranblättchen garniert servieren.

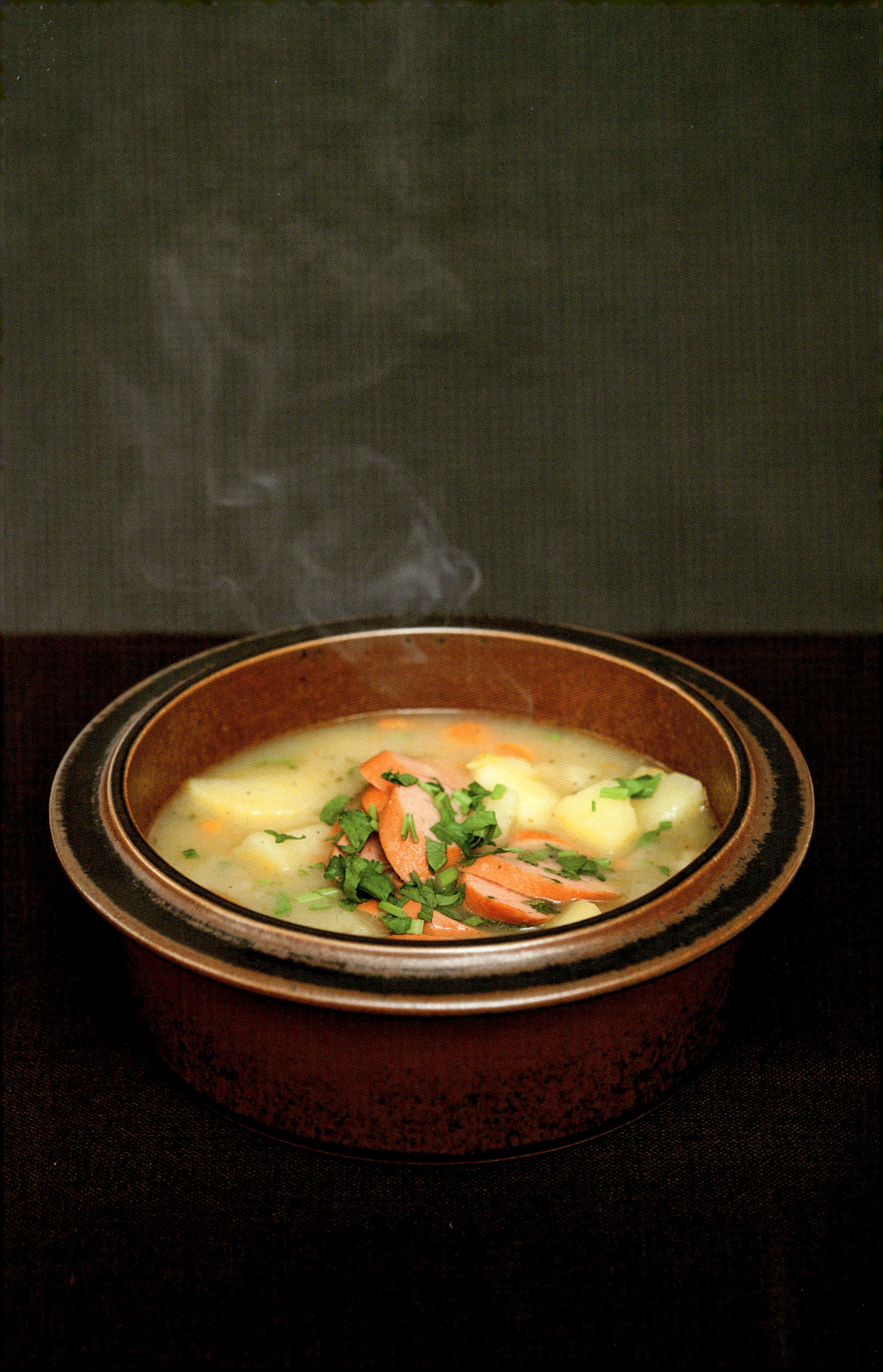

Graupeneintopf mit Ras el-Hanout

Für vier Personen

180 g Perlgraupen
2 EL Tomatenmark
2 EL getrocknete Tomaten, in Öl eingelegt
250 g Karotten
2 kleine Zwiebeln
¼ Bund Staudensellerie
1½ Espressolöffel Ras-el-Hanout-Gewürzmischung
1½ l Gemüsebrühe

Karotten schälen und ebenso wie den Staudensellerie in kleine Würfel schneiden. Zwiebeln und die getrockneten Tomaten mit einem scharfen Messer sehr fein hacken. Alle vier Zutaten in Olivenöl andünsten. Die Gewürzmischung „Ras el-Hanout" untermischen und die Graupen dazugeben. Mit Gemüsebrühe ablöschen und die Graupen bei kleiner Hitze im offenen Topf quellen lassen. Das Tomatenmark unterziehen und den Eintopf mit Salz und Pfeffer abschmecken.

Ras el-Hanout ist eine wärmende marokkanische Gewürzmischung, eine Kombination aus über 20 einzelnen Gewürzen, darunter Rosenblüten, Zimt, Anis, Piment, Kardamom, Chili, Muskat. Die arabische Bezeichnung Ras el-Hanout bedeutet wörtlich „Kopf des Ladens". Es ist also die Chefmischung, das Geheimnis des orientalischen Gewürzhändlers.

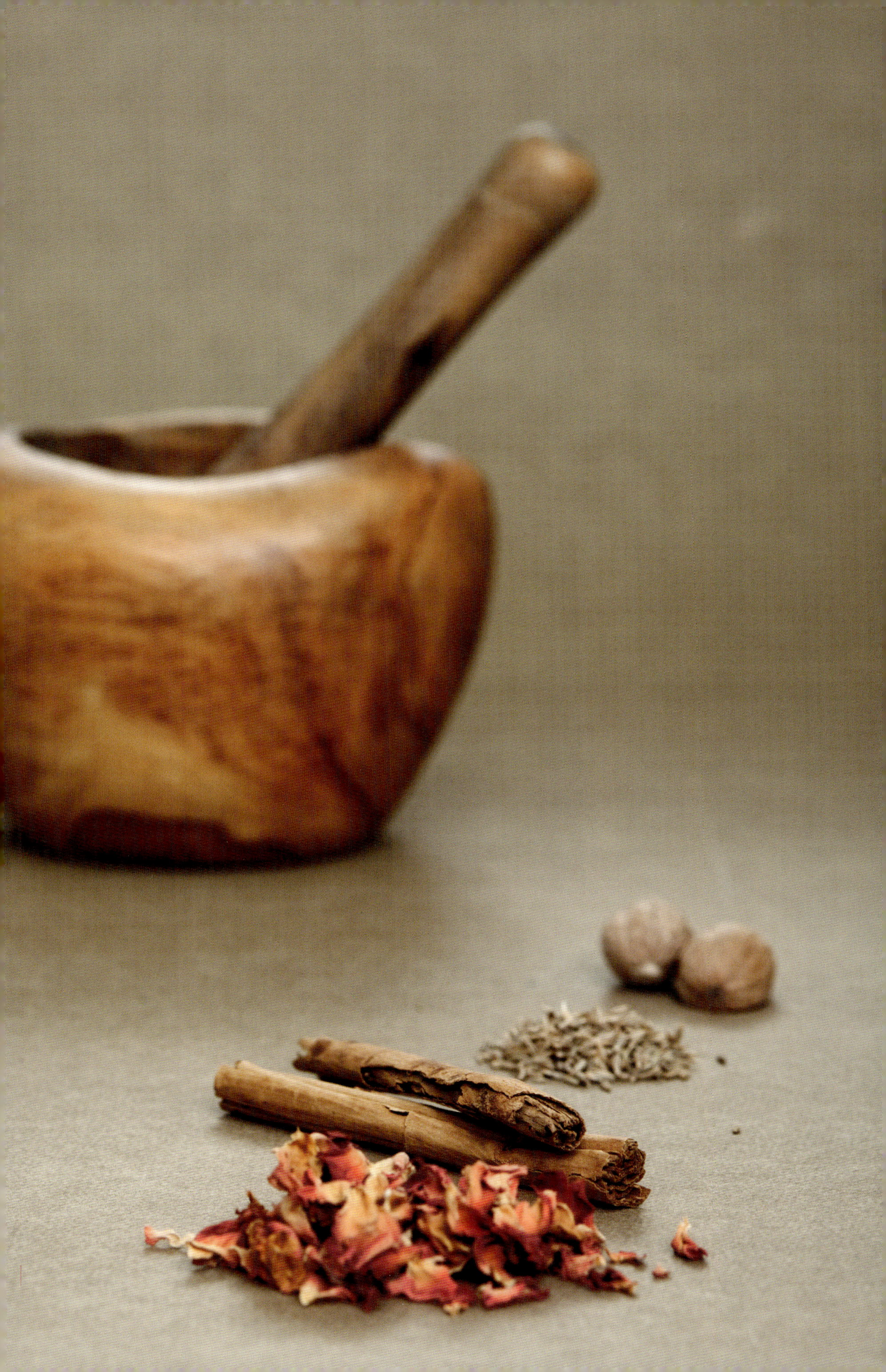

Grieß-Dill-Nockerln in Gemüsebouillon

Für vier Personen

1½ l Gemüsebouillon (Rezept s. S. 160)

60 g weiche Butter
1 Ei (Größe M)
120 g Weichweizengrieß
Salz
½ Bund frischer Dill
Muskatnuss
2 Msp Kurkuma

Alle Zutaten für die Grießnockerln müssen Zimmertemperatur haben. Das Ei Größe M sollte ungefähr 60 g schwer sein, also gleich dem Buttergewicht, damit die Nockerln schön luftig werden. Die Butter schaumig rühren, Ei verquirlen und löffelweise unter die Butter ziehen. Den Grieß hinzufügen und die Masse mit Salz und Muskat abschmecken. Den Dill fein hacken und daruntermischen. Die Masse für eine gute Viertelstunde in den Kühlschrank stellen. Zwei Liter Salzwasser auf den Herd stellen und zum Kochen bringen. Mit dem Teelöffel acht Nockerln abstechen und in das Salzwasser gleiten lassen. Die Nockerln fünf Minuten bei offenem Topf köcheln lassen. Dann den Topf vom Herd nehmen und mit einer Tasse kaltem Wasser aufgießen, den Deckel auflegen und die Grießnockerln 15 Minuten lang ziehen lassen. Die Gemüsebouillon aufkochen, mit Pfeffer und Kurkuma würzen, die Grießnockerln mit einer Lochkelle aus dem Salzwasser schöpfen, im Teller anrichten und mit der Gemüsebouillon aufgießen.

Für Eilige: Natürlich gibt es speziellen Nockerlgrieß fertig zu kaufen. Der wird mit Ei und Butter vermengt, Sie brauchen dann nur noch den gehackten Dill unterzumischen. Mit Kurkuma können Sie Ihre Gemüsebrühe golden färben oder sie mit frischem Karottensaft aufpeppen. Das gibt eine wunderbare Farbe und einen Schuss Extra-Vitamine. Rote-Bete-Fans färben die Gemüsebouillon kurz vor dem Servieren mit dem frischen Saft ein.

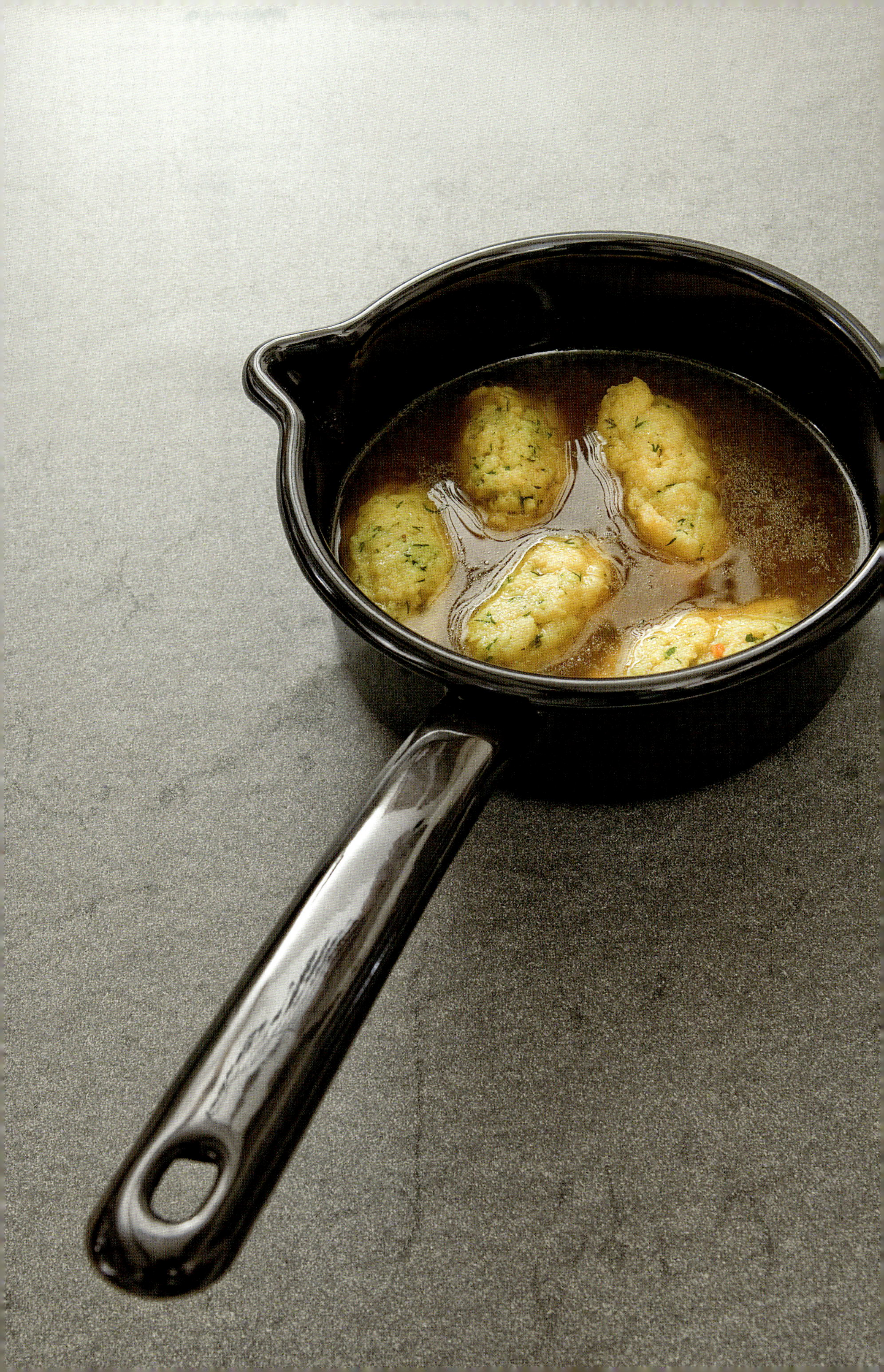

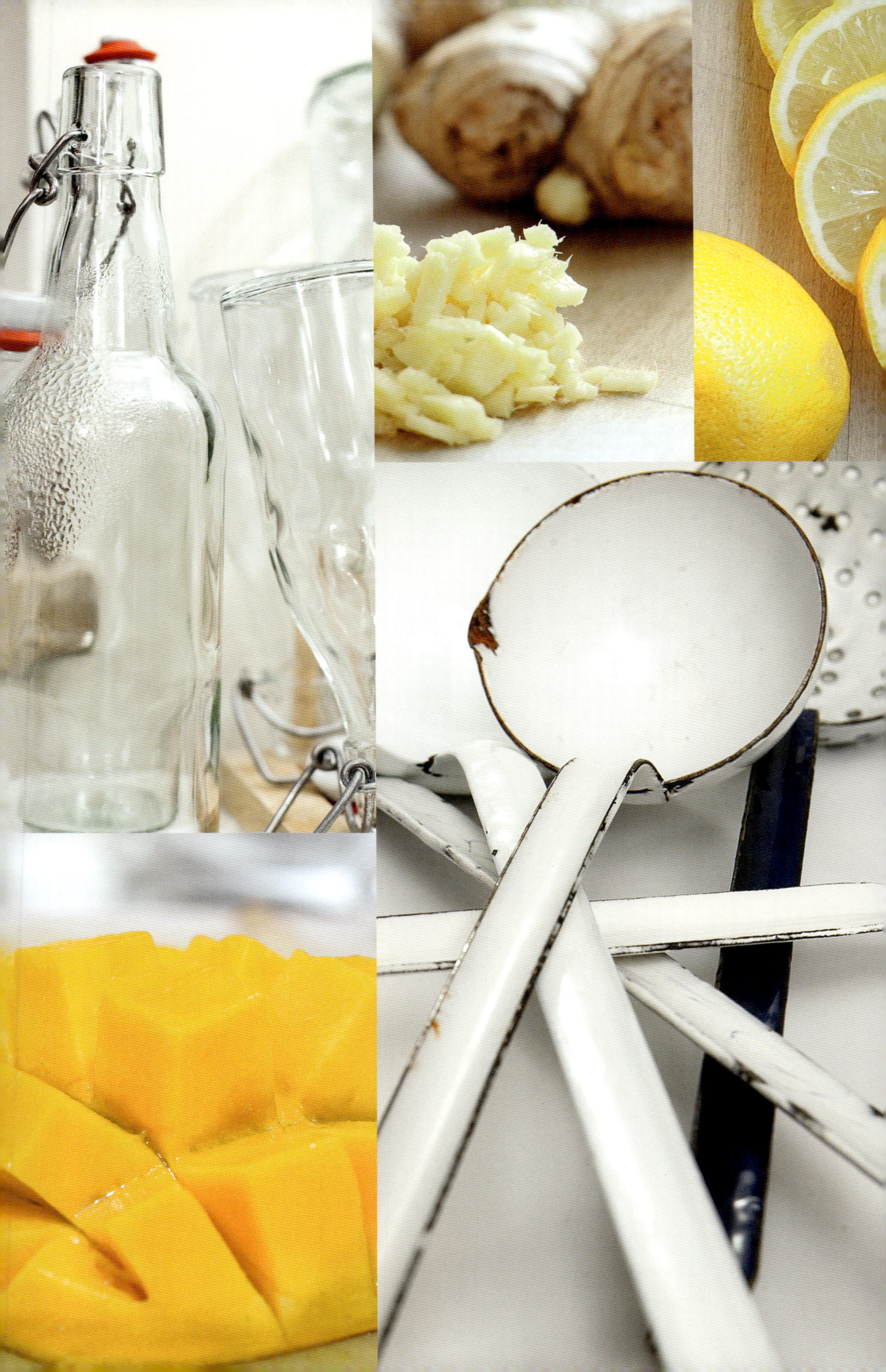

Alltagserfrischer

...sind leicht, aber schwer in Ordnung. Sie sorgen für Abwechslung in unserer Routine, denn auch wenn es draußen warm ist, können Sie aus dem Vollen schöpfen. Unsere Alltagserfrischer sind echte „Schüsselerlebnisse", Suppen mit Fantasie und Temperament.

Geeiste Melonen-Mango-Chili-Kaltschale mit geräucherter Forelle

Für vier Personen

1 frische Mango
1 Cantaloup-Melone
¼ Espressolöffel Chilipulver
2 knappe Espressolöffel Salz
½ Espressolöffel roter Pfeffer
½ Espressolöffel frisch gehackter Ingwer
2 EL Himbeeressig

Mango schälen, entsteinen, das Fruchtfleisch klein schneiden. Die Melone entkernen, das Fruchtfleisch heraus- und klein schneiden. Alles mischen, mit Chilipulver, rosa Pfeffer, Salz, Himbeeressig und dem frisch gehackten Ingwer fein pürieren. Die Kaltschale in Glasschalen füllen und für gute zehn Minuten ins Gefrierfach stellen. Anschließend die Forellenfilets darauf anrichten und servieren.

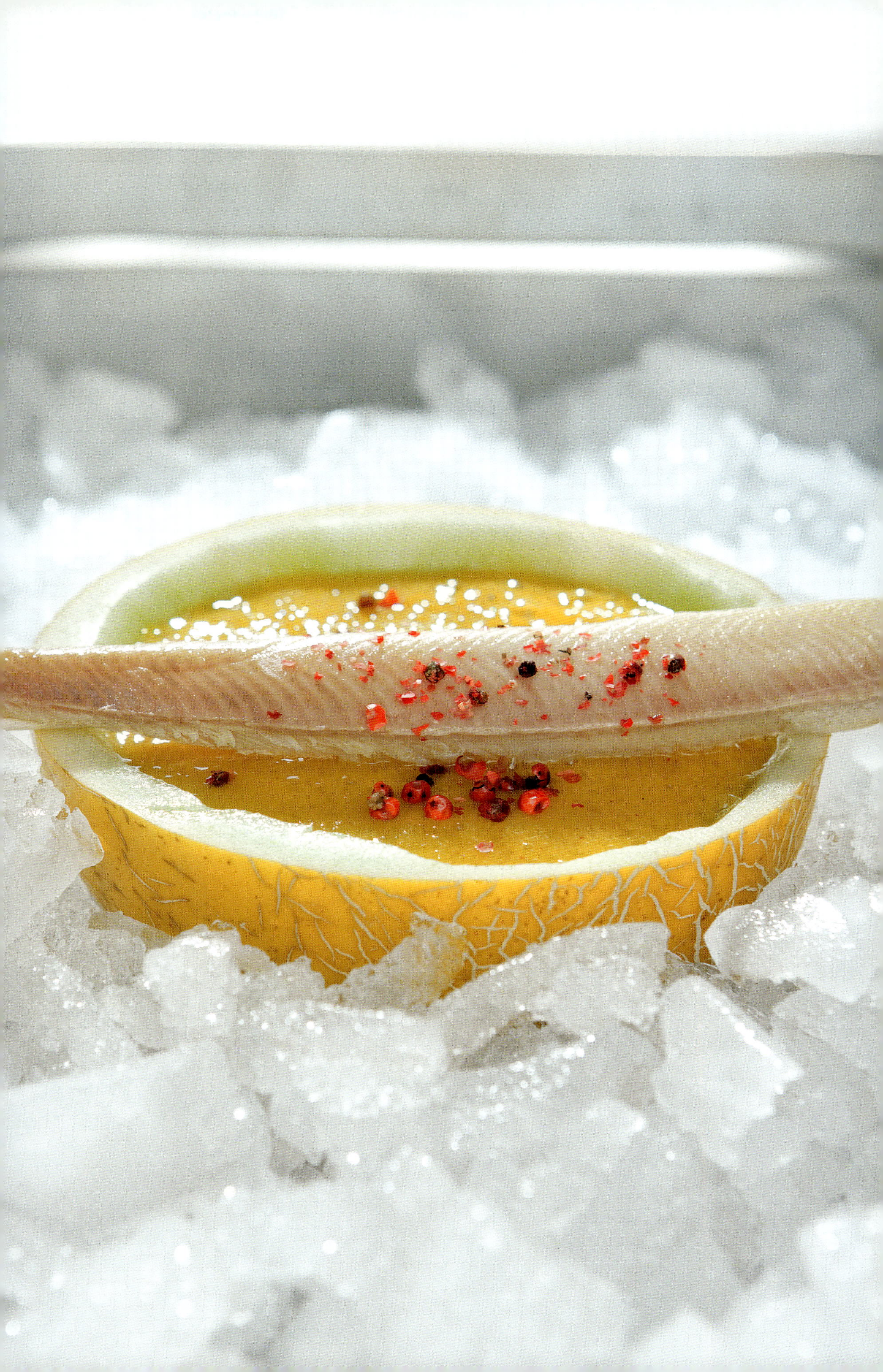

Romanescoschaum-Suppe mit Limetten und gerösteten Semmelbröseln

Für vier Personen

1 kg Romanesco
1 l Gemüsebrühe
½ Bio-Limette: Saft und Schale
¼ l süße Sahne
2 Msp geriebene Muskatnuss
1 Bund Schnittlauch
100 g Semmelbrösel
2 EL Butter zum Bräunen

Romanesco waschen, vierteln und den Strunk entfernen. Ein paar Röschen auslösen und separat in Salzwasser bissfest kochen, abgießen und zur Seite stellen. Gemüsebrühe zum Kochen bringen, den Romanesco einlegen und weich kochen. Die Suppe sehr schaumig pürieren, mit Limettensaft, -schale und Salz abschmecken. Butter in einer beschichteten Pfanne schmelzen und die Semmelbrösel darin rösten. Die Sahne steif schlagen, leicht salzen und mit der frisch geriebenen Muskatnuss würzen. Die Romanescoröschen unter die heiße Suppe heben, auf Teller verteilen, Sahnehäubchen daraufsetzen, mit den gerösteten Semmelbröseln und Schnittlauchröllchen bestreuen, sofort servieren.

Romanesco heißt der grüne Blumenkohl, weil er ursprünglich in der Nähe von Rom gezüchtet wurde – als eine Kreuzung aus Brokkoli und wildem Blumenkohl. Sein Vitamin C-, Eiweiß- und Mineralstoffgehalt ist höher als der des weißen Blumenkohls.

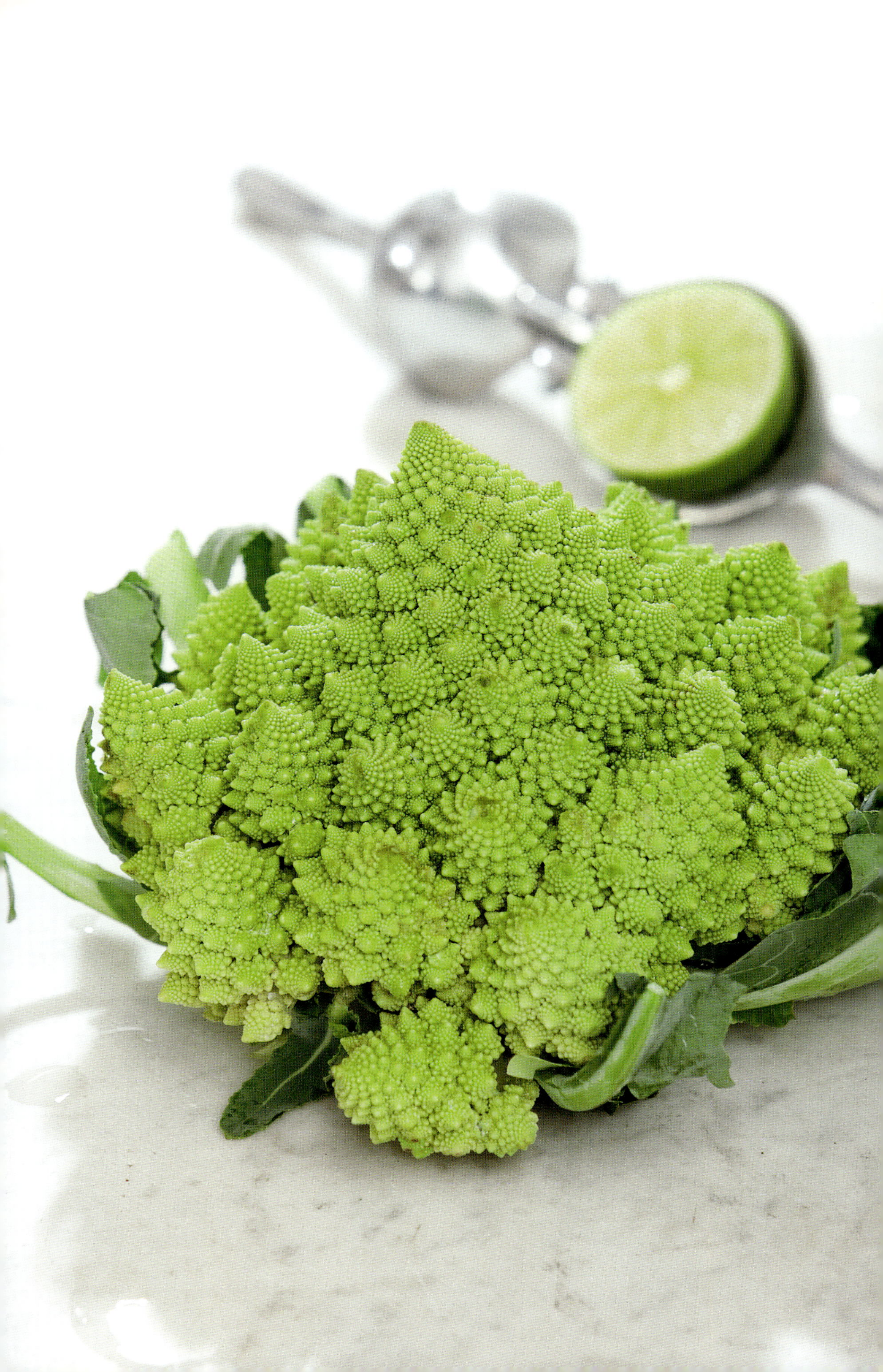

Roter Fischtopf

Für vier Personen

6 Tomaten
1 rote Paprika
2 Rote-Bete-Knollen
1 rote Zwiebel
⅛ l trockener Rotwein
½ l Gemüsebrühe
400 g Zanderfilet
1 Espressolöffel rote Pfefferbeeren
1 TL frische Thymianblättchen
Salz und schwarzer Pfeffer nach Geschmack
1 Bund Zitronenbasilikum

Rote-Bete-Knollen (mit Handschuhen) schälen, Paprika entkernen, beides in mundgerechte Stücke schneiden. Falls Sie rote Bete mit Grün gekauft haben, hacken Sie dieses fein und geben es am Ende mit den Tomaten in die Suppe – das Aroma ist einmalig! Tomaten am Strunk sternförmig einschneiden, mit kochendem Wasser überbrühen und ein paar Minuten stehen lassen, dann kalt abschrecken, die Schale abziehen, das Fruchtfleisch grob würfeln und zur Seite stellen. Zwiebeln häuten, fein würfeln und in Olivenöl andünsten. Die rosa Pfefferbeeren in einem Mörser zerquetschen und mit der Roten Bete in den Topf geben, rund zehn Minuten bei kleiner Hitze weiterdünsten. Paprika hinzufügen, mit Rotwein ablöschen und noch mal fünf Minuten köcheln lassen. Tomatenwürfel und Gemüsebrühe unterrühren und bei niedriger Temperatur so lange garen, bis das Gemüse al dente ist. Das Zanderfilet abwaschen, mit einem Küchenpapier trocken tupfen und in mundgerechte Stücke schneiden. Frische Thymianblättchen und den Fisch in die heiße Suppe einlegen, etwa sechs Minuten ziehen lassen. Mit Salz und schwarzem Pfeffer abschmecken, mit Zitronenbasilikumblättchen garniert servieren.

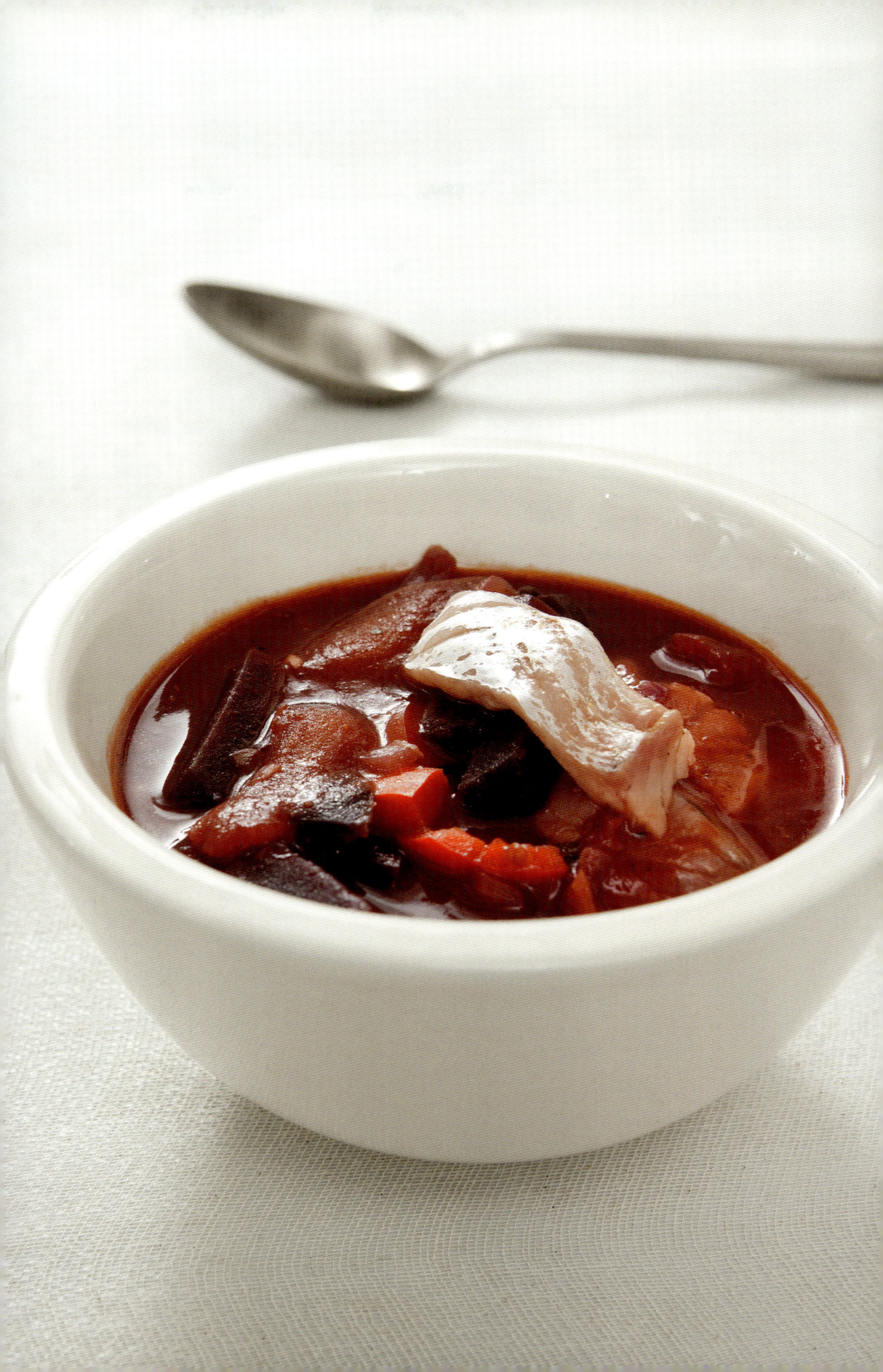

Lauchsuppe mit Schinken und Olivencroutons

Für vier Personen

4 Stangen Lauch, rund 800 g
2 EL Olivenöl
2 Bio-Äpfel (Elstar oder Boskop)
1¼ l Gemüsebrühe
½ TL Garam-Masala-Gewürzmischung im Säckchen (Rezept s. S. 168)
½ Bio-Zitrone: Saft und abgeriebene Schale
Salz und schwarzer Pfeffer nach Geschmack
150 g gekochter Schinken am Stück
150 g Olivenbrot

Lauch waschen und in mundgerechte Ringe schneiden. In Olivenöl andünsten und mit Gemüsebrühe ablöschen. Das Garam-Masala-Gewürzsäckchen in die Suppe einlegen, Zitronensaft und Schale unterziehen und einmal richtig aufkochen. Die Äpfel am besten mit der Schale vierteln, entkernen, in Spalten schneiden und ebenfalls in die heiße Suppe geben. Den Topf vom Herd nehmen und die Suppe ziehen lassen. Mit Salz und Pfeffer abschmecken. Den gekochten Schinken und das Olivenbrot würfeln, mit Olivenöl in einer beschichteten Pfanne rösten. Die Suppe in Schalen füllen und mit Schinken-Oliven-Croutons anrichten.

Garam Masala ist eine Gewürzmischung aus der indischen Küche, sie enthält traditionell Gewürze wie Nelken, Zimt, Kreuzkümmel und dunklen Kardamom. Diese Gewürze haben gemäß der Heilkunde des Ayurveda eine wärmende Wirkung. Um eine Gewürzmischung mit eher kühlender Wirkung zu erhalten, verwende ich grünen Kardamom, Fenchel und grünen Pfeffer.

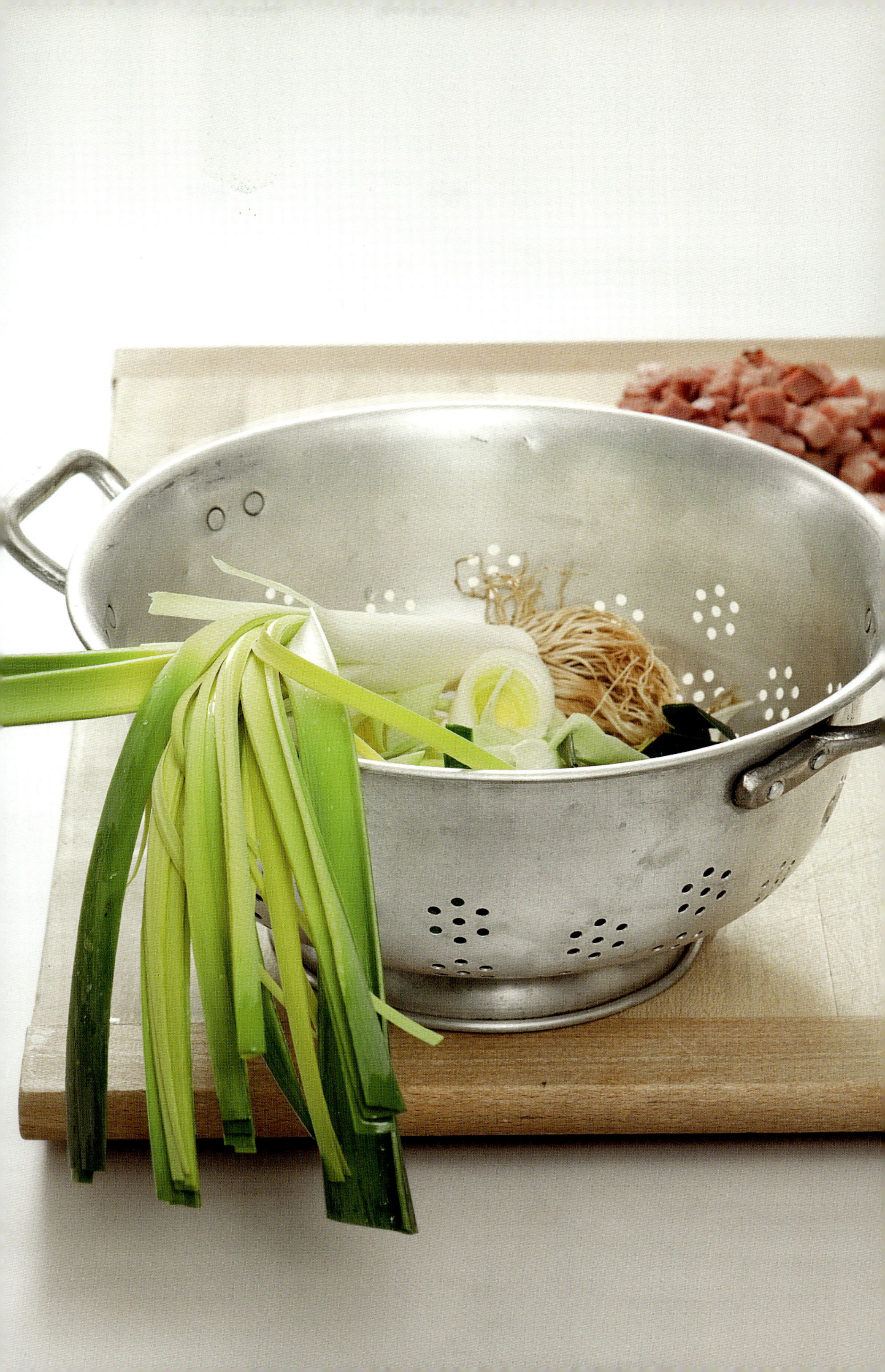

Kartoffel-Kokos-Curry-Shot

Dieser Shot ist ein perfektes Angebersüppchen für Gäste. Füllen Sie die fertige lauwarme Suppe mit einem Trichter in kleine Glasflaschen (z.B. leere 0,3l-Saftflaschen) und stecken Sie einen dicken Strohhalm hinein. Auf den Strohhalm stecken Sie dann eine Scheibe Baguette und oben in das Loch kommt das Koriandergrün – fertig ist der Sommer-Soup-Shot!

Für vier Personen

400 g Kartoffeln, mehlig
½ l Kokosmilch, ungesüßt
¾ l Gemüsebrühe
3 kleine Zwiebeln
40 g frischer Ingwer
1 EL Rapsöl
1 EL Curry oder „Karibisches Curry" (Rezept s. S. 169)
Salz nach Geschmack
1 EL Limettensaft
1 Bund frisches Koriandergrün

Kartoffeln und Zwiebeln schälen, grob würfeln. Ingwer schälen, fein hacken und mit den Zwiebeln in einem Topf bei kleiner Hitze im Rapsöl andünsten. Curry oder „Karibisches Curry" untermischen, die Kartoffeln dazugeben und alles mit Kokosmilch und Gemüsebrühe aufgießen. Wenn die Kartoffeln weich sind, sehr fein pürieren, dann die Suppe mit Salz und Limettensaft abschmecken und mit frischem Koriandergrün bestreuen.

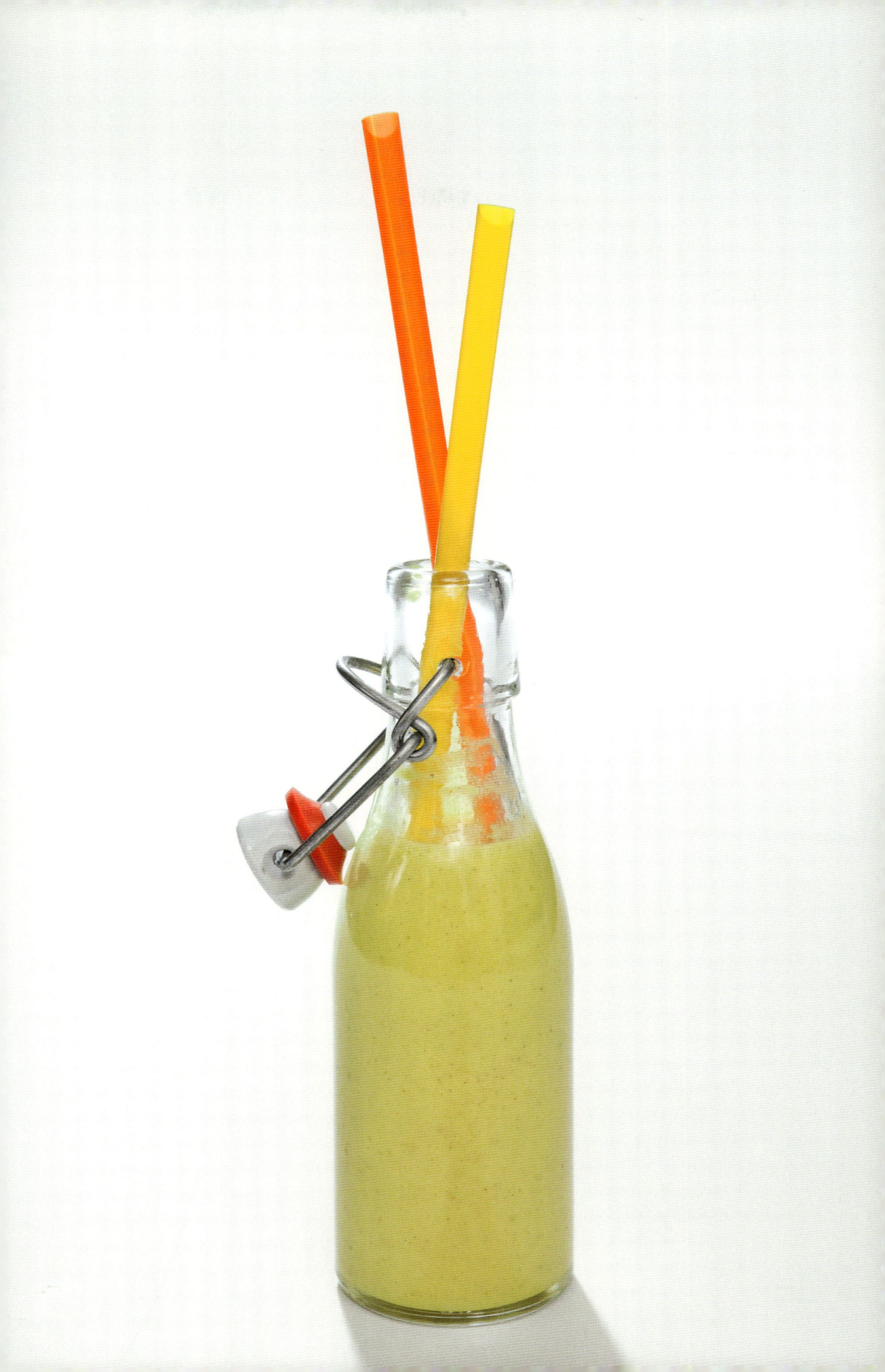

Kartoffel-Buttermilch-Eintopf mit Sauerampfer

Für vier Personen

900 g speckige Kartoffeln
1 Stange Lauch
2 EL Butter
¾ l Gemüsebrühe
½ Bio-Zitrone: Saft und abgeriebene Schale
¼ Espressolöffel gemahlener schwarzer Pfeffer
2 Lorbeerblätter
½ l Buttermilch
1 Bund frischer Sauerampfer (ersatzweise Dill oder Kerbel)
Salz nach Geschmack

Kartoffeln schälen, Lauch waschen und putzen, beide Gemüse in mundgerechte Stücke bzw. Ringe schneiden. Butter in einem Topf auslassen, Lauchringe andünsten und die Kartoffelstückchen dazugeben. Mit Gemüsebrühe aufgießen und die Lorbeerblätter mitkochen. Wenn die Kartoffeln bissfest sind, den Topf vom Herd nehmen, mit der abgeriebenen Zitronenschale, Saft, Salz und Pfeffer abschmecken. Zwei Schöpflöffel von der Brühe (nicht mehr kochend!) abnehmen und zusammen mit der Buttermilch in einem Mixer oder mit dem Pürierstab aufschlagen. Die Mischung unterziehen und die Suppe mit frisch gehacktem Sauerampfer garniert servieren.

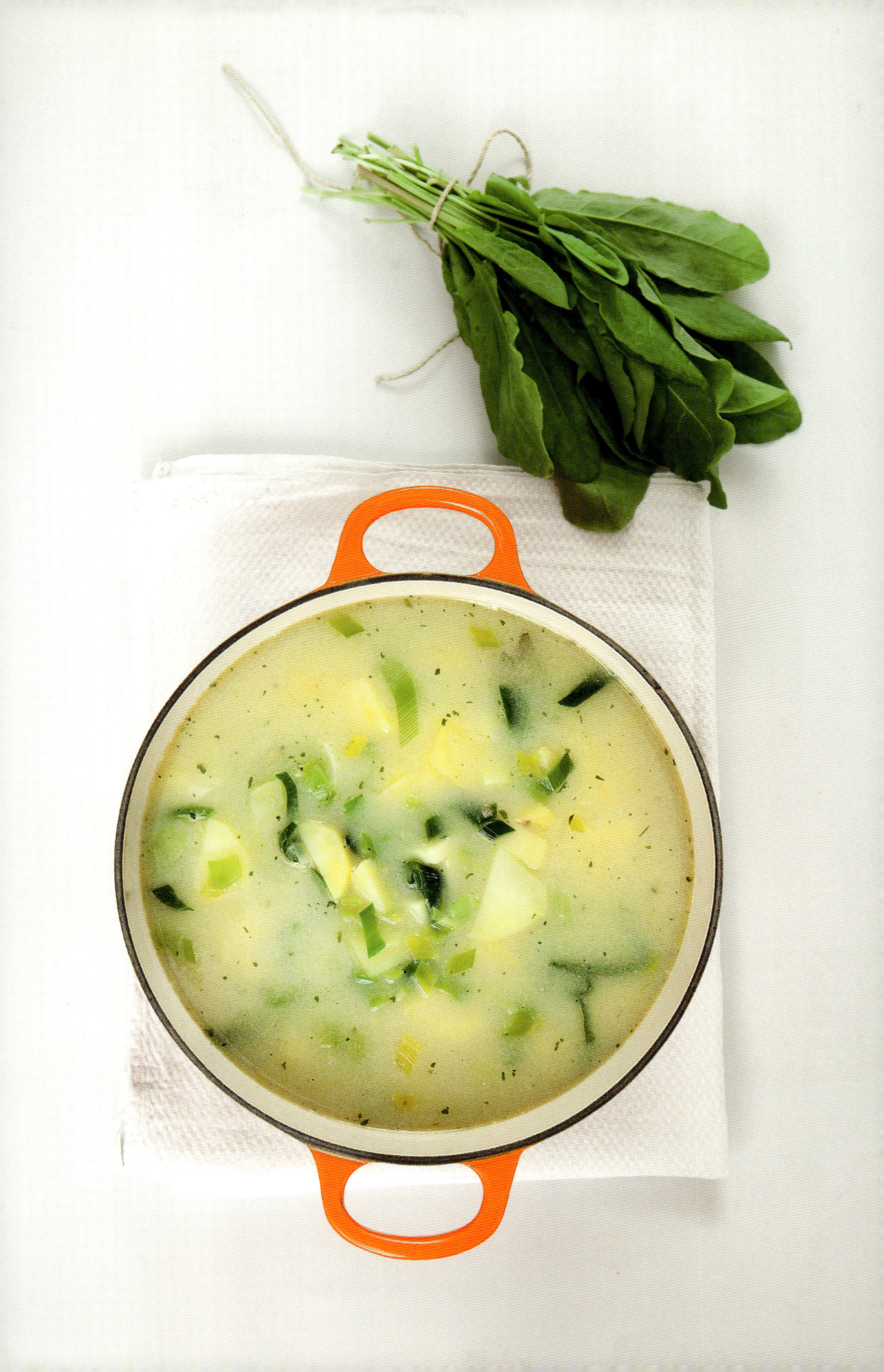

Gurken-Senf-Kaltschale mit Hüttenkäse und Minze

Dieses Turbosüppchen haben Sie in fünf Minuten zubereitet. Es ist ein herrlich frisches und würziges Sommervergnügen zum „cool down" an heißen Tagen.

Für vier Personen

1½ Gurken
1 EL Dijon-Senf
4 EL griechischer Joghurt
Salz und Pfeffer nach Geschmack
2 TL Gewürzmischung „Liebesschwur" (Rezept s. S. 169)
200 g Hüttenkäse
½ Bund frische Minze

Gurken schälen, in etwa zentimeterdicke Scheiben schneiden, mit Joghurt, Salz und Senf sehr fein pürieren. Die Gewürzmischung unterrühren, die Kaltschale in Gläser füllen und für etwa eine Stunde in den Kühlschrank stellen. Den Hüttenkäse mit der fein gehackten Minze vermengen, vor dem Servieren mit einem Löffel Nockerln abstechen und auf der Suppe schwimmen lassen.

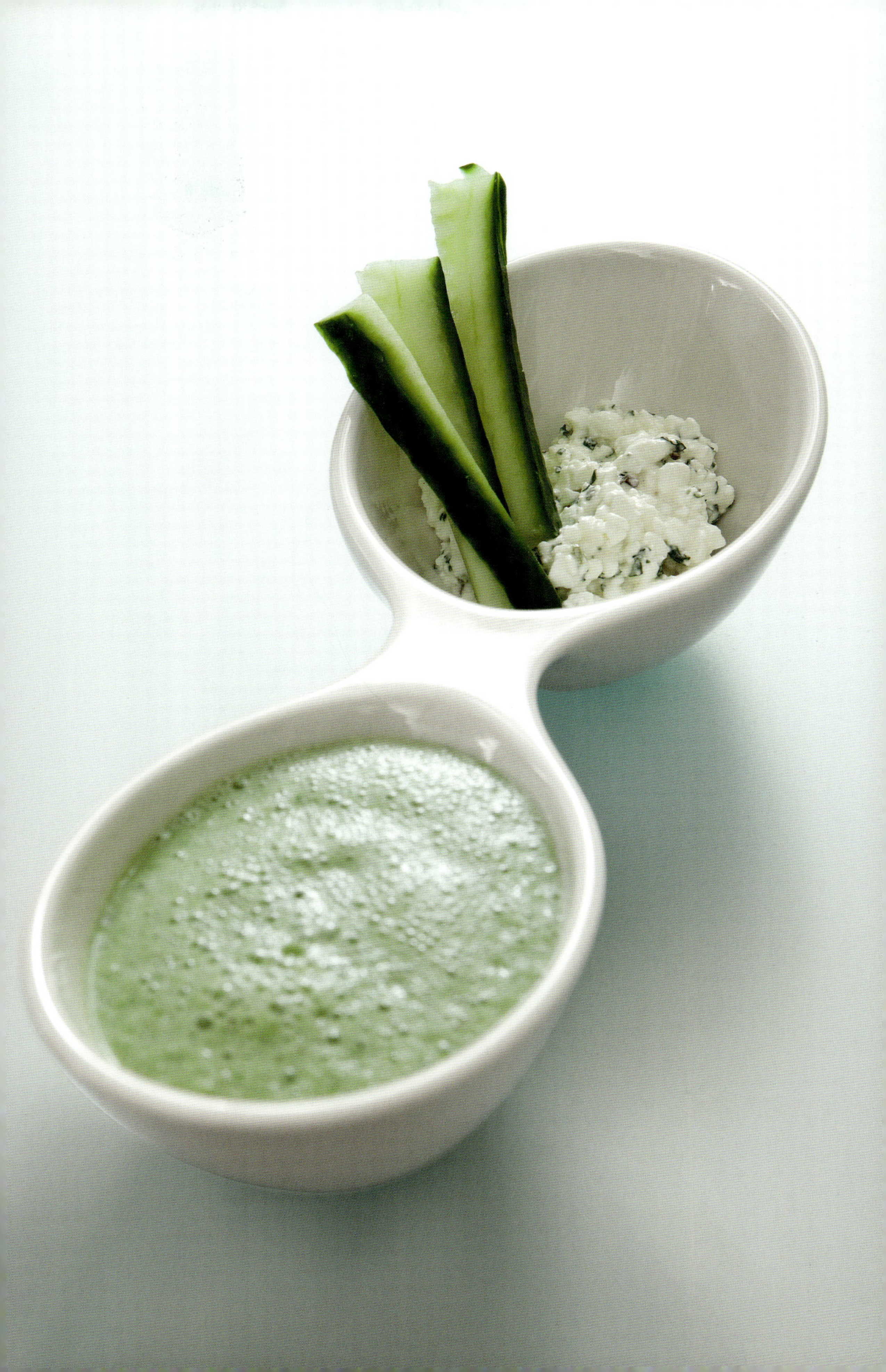

Rostbratwürstlsuppe mit Gemüse, Ingwer und Piment

Falls Ihre Grillparty wegen schlechten Wetters buchstäblich ins Wasser fällt: Macht nix, laden Sie Ihre Gäste nicht wieder aus! Die Rostbratwürstl kommen einfach in den Suppentopf – und ich wette, es wird trotzdem ein gemütlicher Abend, denn dieser Eintopf ist für „echte Kerle": bodenständig und würzig.

Für vier Personen

3 Karotten
1 Fenchel
¼ Bund Staudensellerie
2 kleine Zucchini
1 kleine gelbe Paprika
12 Rostbratwürstl
1½ l Hühner- oder Gemüsebrühe
25 g frischer Ingwer
2 EL brauner Zucker
40 g Butter
½ Bio-Zitrone: Saft und abgeriebene Schale
½ TL Piment
2 Lorbeerblätter
Schwarzer Pfeffer und Salz nach Geschmack
1 Bund frischer Schnittlauch

Karotten schälen, Staudensellerie, Paprika, Zucchini, Fenchel waschen und in mundgerechte Stücke schneiden. Ingwer schälen und fein hacken. Zucker in einem Topf karamellisieren lassen, Butter, Ingwer und das Gemüse dazugeben. Das Gemüse kurz im Karamell wenden und mit Hühner- oder Gemüsebrühe sowie Zitronensaft ablöschen. Piment im Mörser fein zerstoßen und mit der abgeriebenen Zitronenschale unter die Suppe mischen. Die Lorbeerblätter einlegen, sanft weiterkochen lassen, bis das Gemüse bissfest ist. Währenddessen die Rostbratwürstl in einer Pfanne oder auf dem Grill braten und zum Schluss kurz in der Suppe ziehen lassen. Mit Salz und Pfeffer abschmecken, in Suppentellern anrichten, mit Schnittlauch garniert servieren.

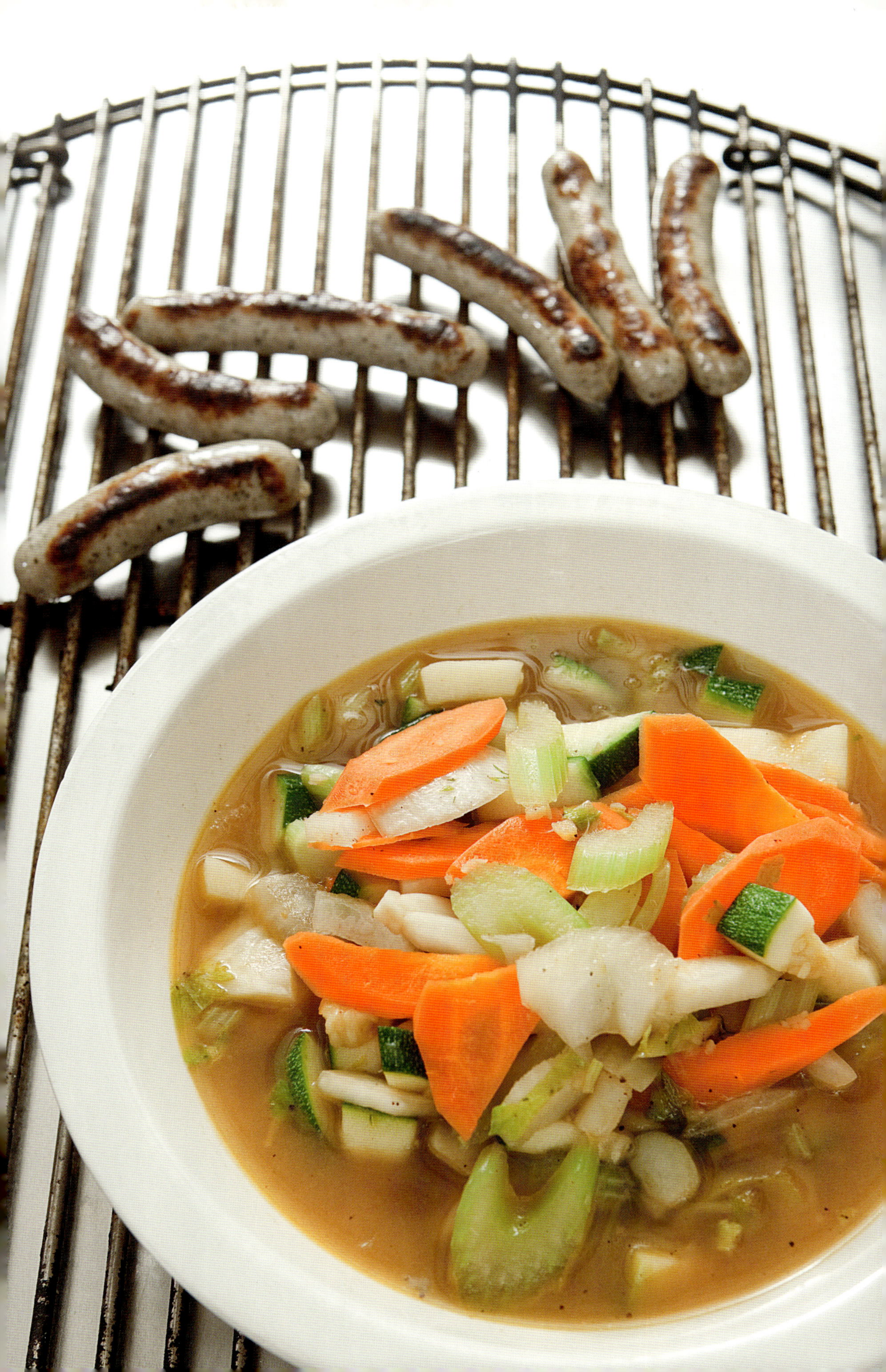

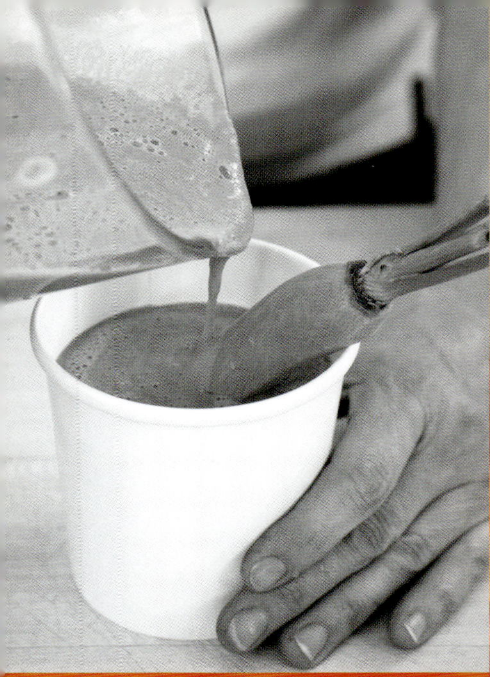
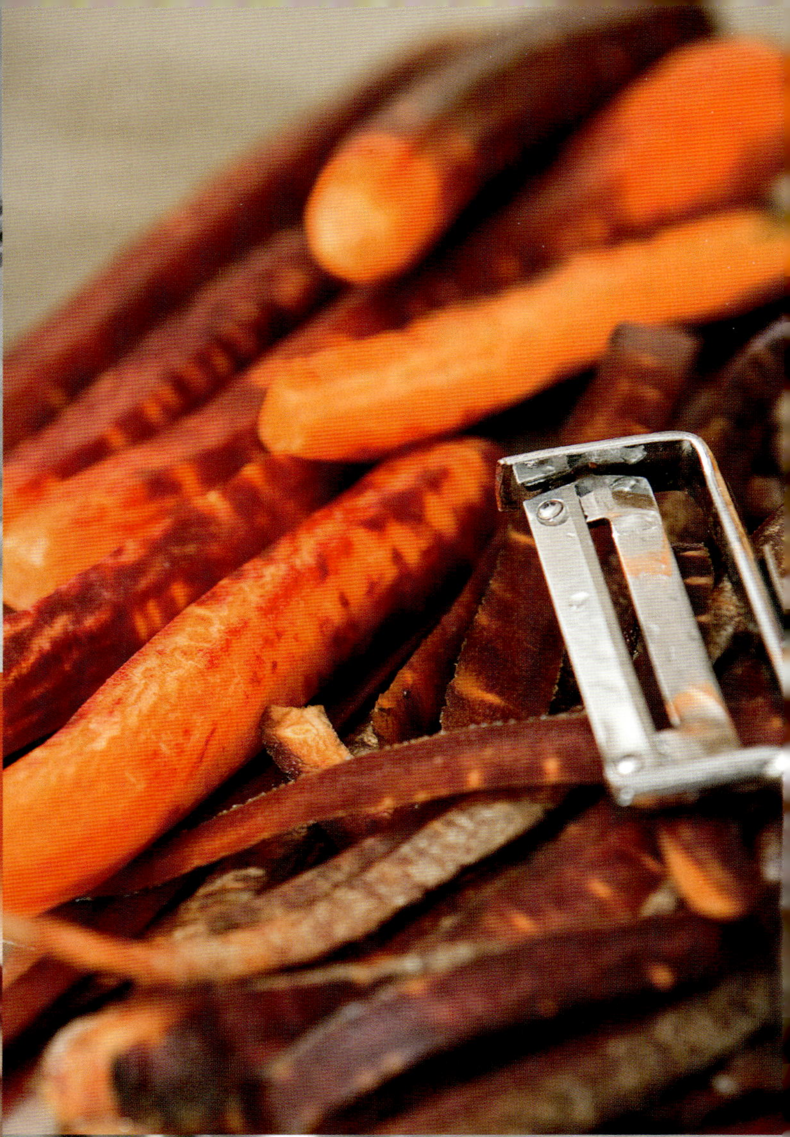
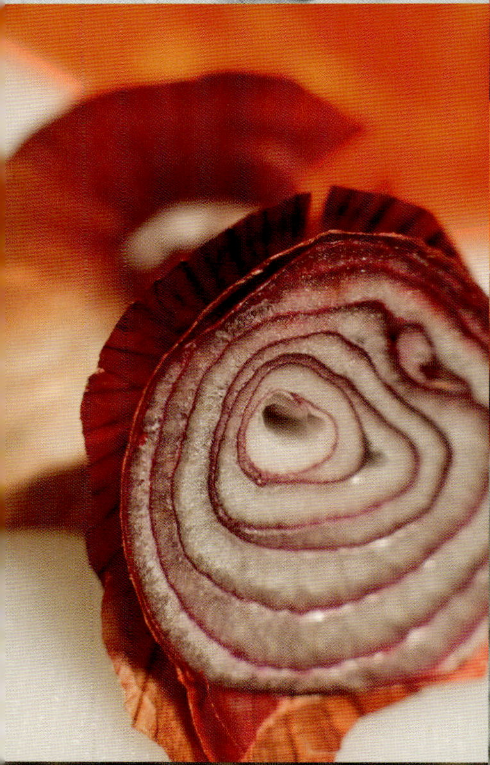
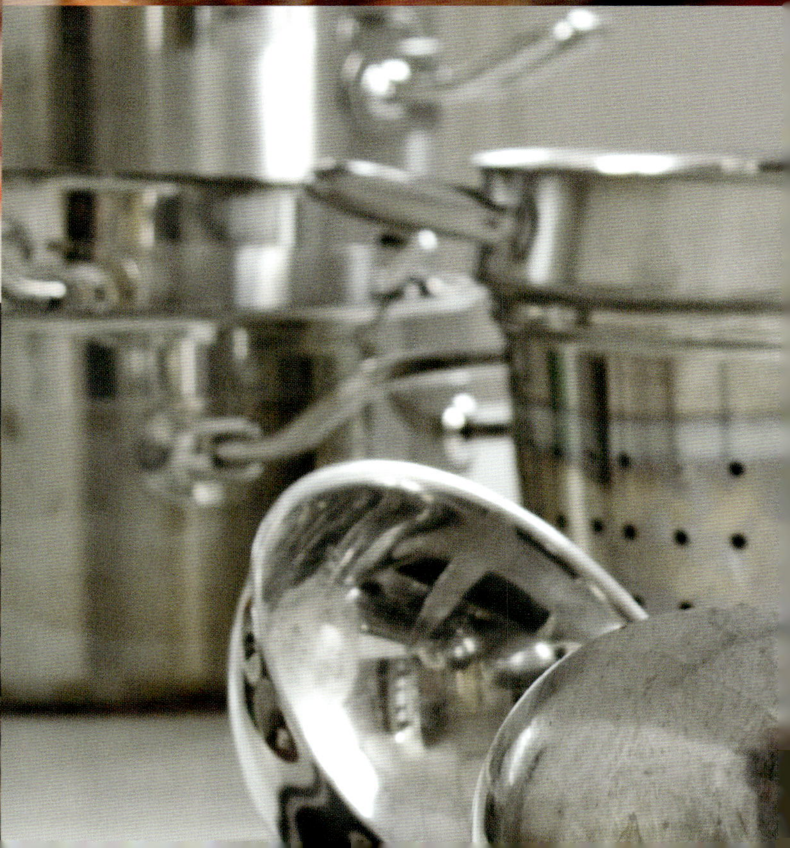
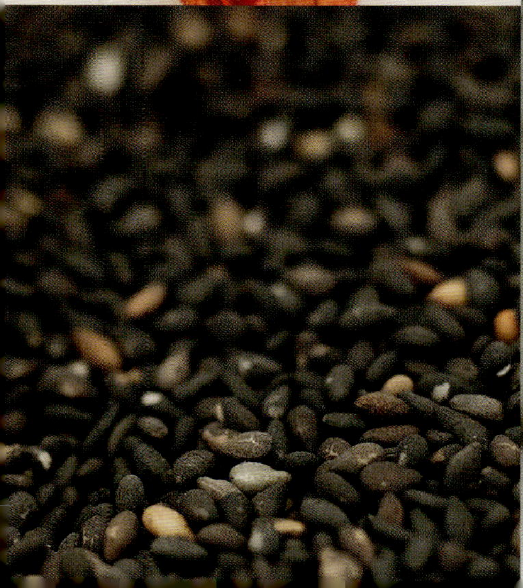

Schlankmacher

... lassen das „Hüftgold" schmelzen und machen gute Laune. Sie sind einfach zu kochen: Eine klassische, klare Gemüsebrühe (Rezept s. S. 160) ergibt die Basis für eine Frühjahrssuppen-Woche, damit die Kilos purzeln können.
Als wohlschmeckende Einlagen suchen Sie sich jeden Tag ein anderes frisches Gemüse aus und kochen das al dente. Dann bleibt Ihnen auch mehr Zeit für eine Runde an der frischen Luft, denn Bewegung kurbelt den Stoffwechsel an. Gönnen Sie sich unsere Schlankmacher: Sie sind federleicht, stillen trotzdem Ihren Hunger oder bilden den perfekten Auftakt für ein Menü.

Tomaten-Erdbeer-Shot mit Basilikum

Für vier Personen

250 g Erdbeeren für die Suppe
100 g Erdbeeren zum Garnieren
400 g Tomaten
2 EL Olivenöl
1 TL rote Pfefferbeeren
½ l Gemüsebrühe, warm
Salz nach Geschmack
1 Bund frisches Basilikum

Tomaten am Strunk sternförmig einschneiden, mit kochendem Wasser überbrühen und ein paar Minuten stehen lassen. Dann kalt abschrecken, die Schale abziehen und das Fruchtfleisch grob würfeln. Die 250 g Erdbeeren waschen, putzen und vierteln. Tomaten würfeln und mit den Erdbeeren in einen Topf geben, roten Pfeffer im Mörser zerdrücken und hinzufügen. Mit der warmen Gemüsebrühe aufgießen und pürieren. Mit Salz abschmecken. Die Erdbeeren für die Garnitur waschen, in Scheiben schneiden und zusammen mit den Basilikumblättchen auf die Suppe legen.

Basilikum ist für die meisten von uns fest mit Italien verbunden. Dabei leitet der Name des Krauts sich vom griechischen Wort „basilikos" her – das bedeutet „königlich". Das kleinblättrige griechische Basilikum ist dichter, verzweigter gewachsen und robuster, spielt aber in der griechischen Küche kaum eine Rolle.
Inzwischen gibt es auf unseren Gemüsemärkten unzählige Basilikumarten: Zitronenbasilikum, Thai-Basilikum, rotes Basilikum oder Zimtbasilikum. Und jedes für sich ist ein empfindliches Pflänzchen: Wind, Zugluft oder Frost schaden den zarten, aromatischen Blättern. Falls Sie Basilikum im Bund kaufen, umwickeln Sie seine Stiele mit feuchtem Küchenkrepp.

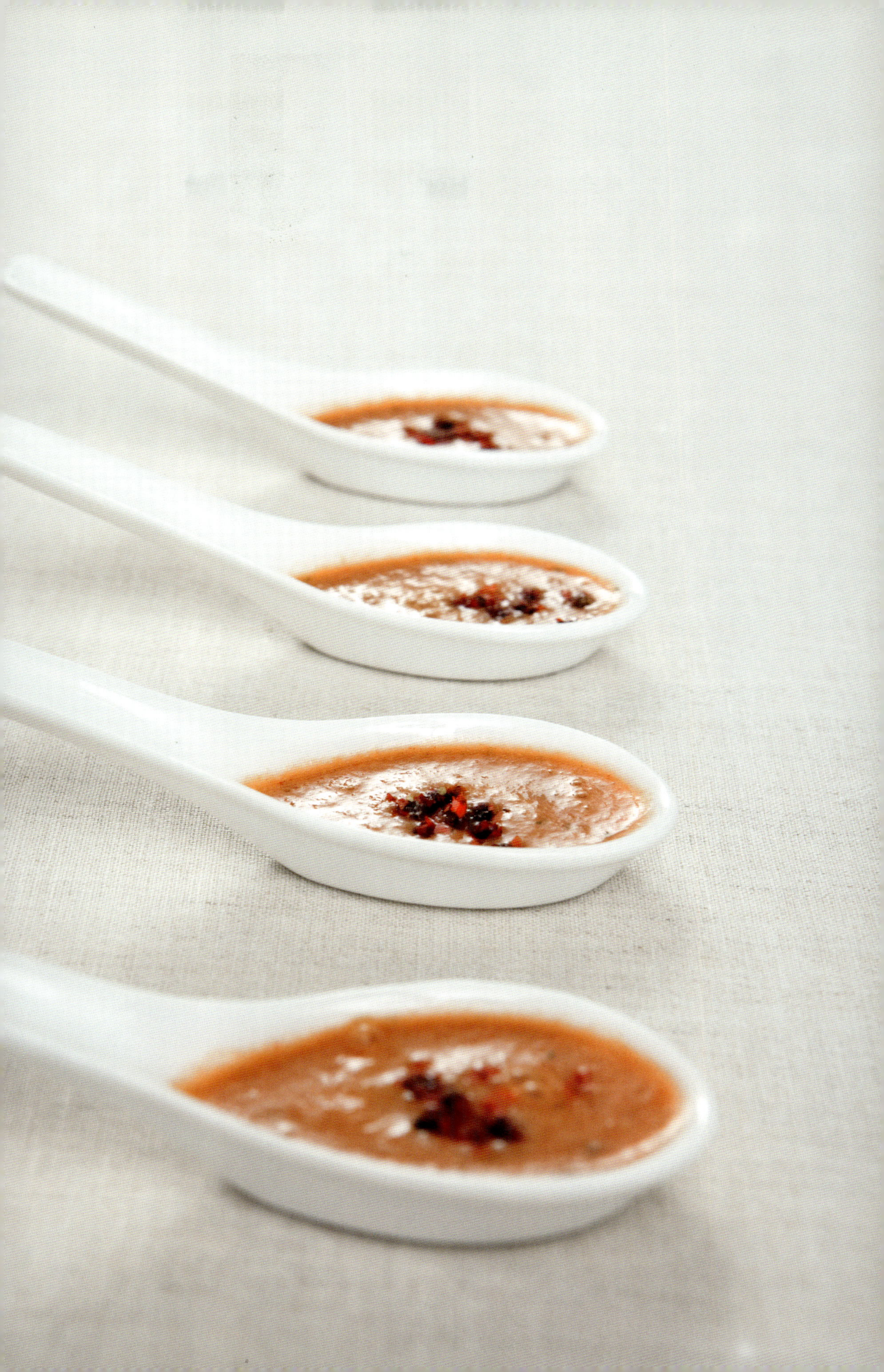

Zucchini-Limetten-Suppe mit Lauchsprossen

Für vier Personen

4 Zucchini à 600 g
2 kleine Zwiebeln
2 EL Olivenöl
1 l Gemüsebrühe
½ Bio-Limette: Saft und Schale
1 Msp gemahlene Vanille
Schwarzer Pfeffer nach Geschmack
2 Handvoll Lauchsprossen
1 kleine Packung Grissini

Gewürfelte Zwiebeln im Topf in Olivenöl andünsten, mit dem Pfeffer würzen. Zucchini waschen und in grobe Würfel schneiden, Limettenschale und Saft untermischen, in den Topf geben, anschließend mit der Gemüsebrühe aufgießen. Bissfest kochen und grob pürieren. In Suppenschälchen verteilen, mit Lauchsprossen anrichten und die Grissini über die Schälchen legen.

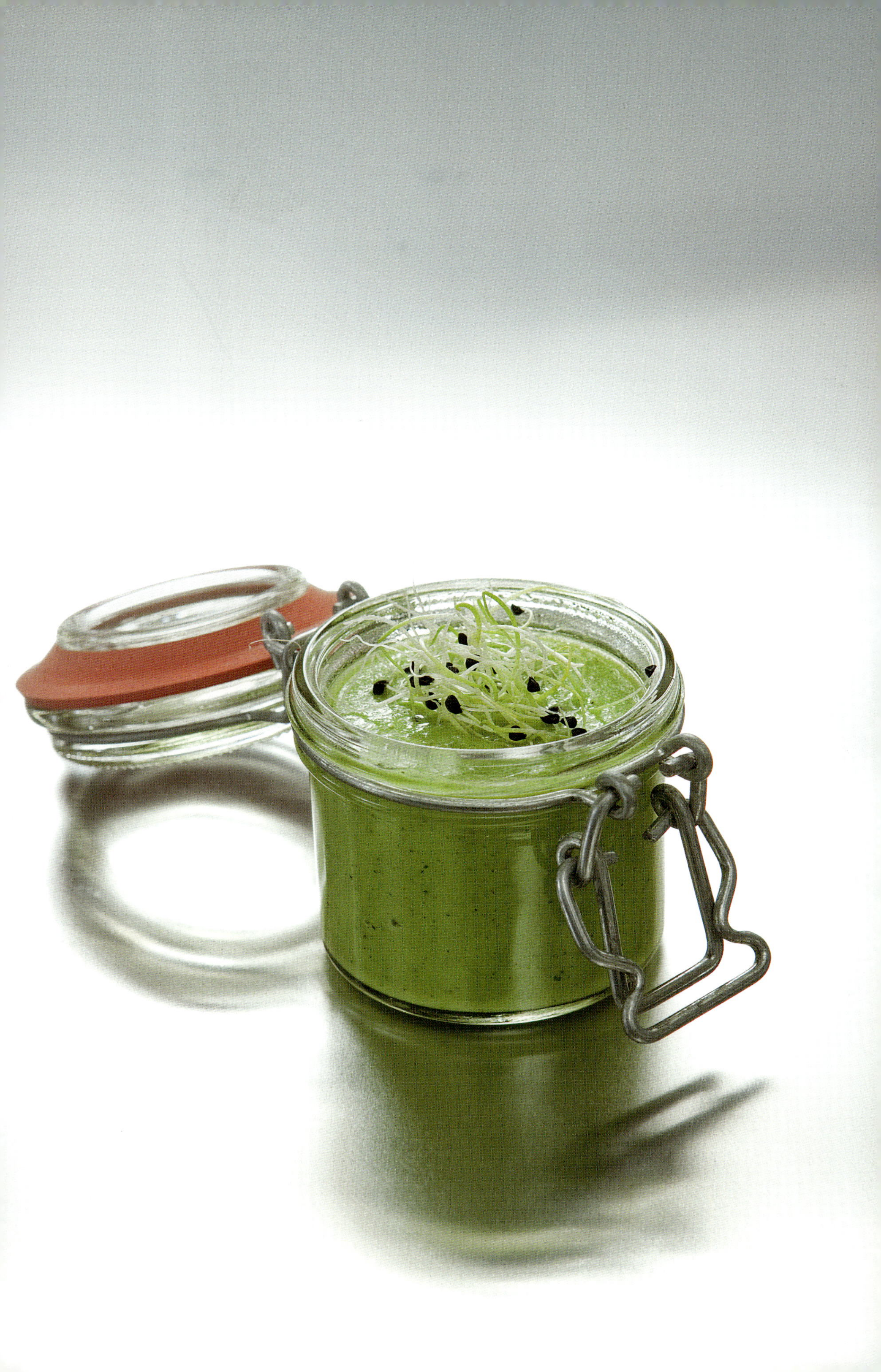

Gurken-Dill-Eintopf mit Garnelen

Für vier Personen

2 Gurken
2 EL Olivenöl
1 ¼ l Gemüsebrühe
1 Bund frischer Dill
12 Garnelen vom Fischhändler, gekocht (oder aufgetaute Tiefkühlware)
½ Bio-Zitrone: Saft und abgeriebene Schale
¼ Espressolöffel Rosenpaprika
Salz nach Geschmack

Gurken schälen, mit einem scharfen Löffel die Kerne ausschaben, aufheben(!) und die Gurke in mundgerechte Stücke schneiden. Olivenöl im Topf erhitzen, die Gurkenstücke, Zitronensaft und Schale zugeben. Mit Gemüsebrühe aufgießen und kurz aufkochen, bis das Gemüse bissfest ist. Mit Rosenpaprika würzen. Von der Suppe zwei Esslöffel abnehmen, mit dem Dill und den Gurkenkernen fein pürieren. Das Dill-Gurken-Pesto unter die Suppe ziehen, anschließend die Garnelen in der Suppe erwärmen, aber nicht mehr kochen.

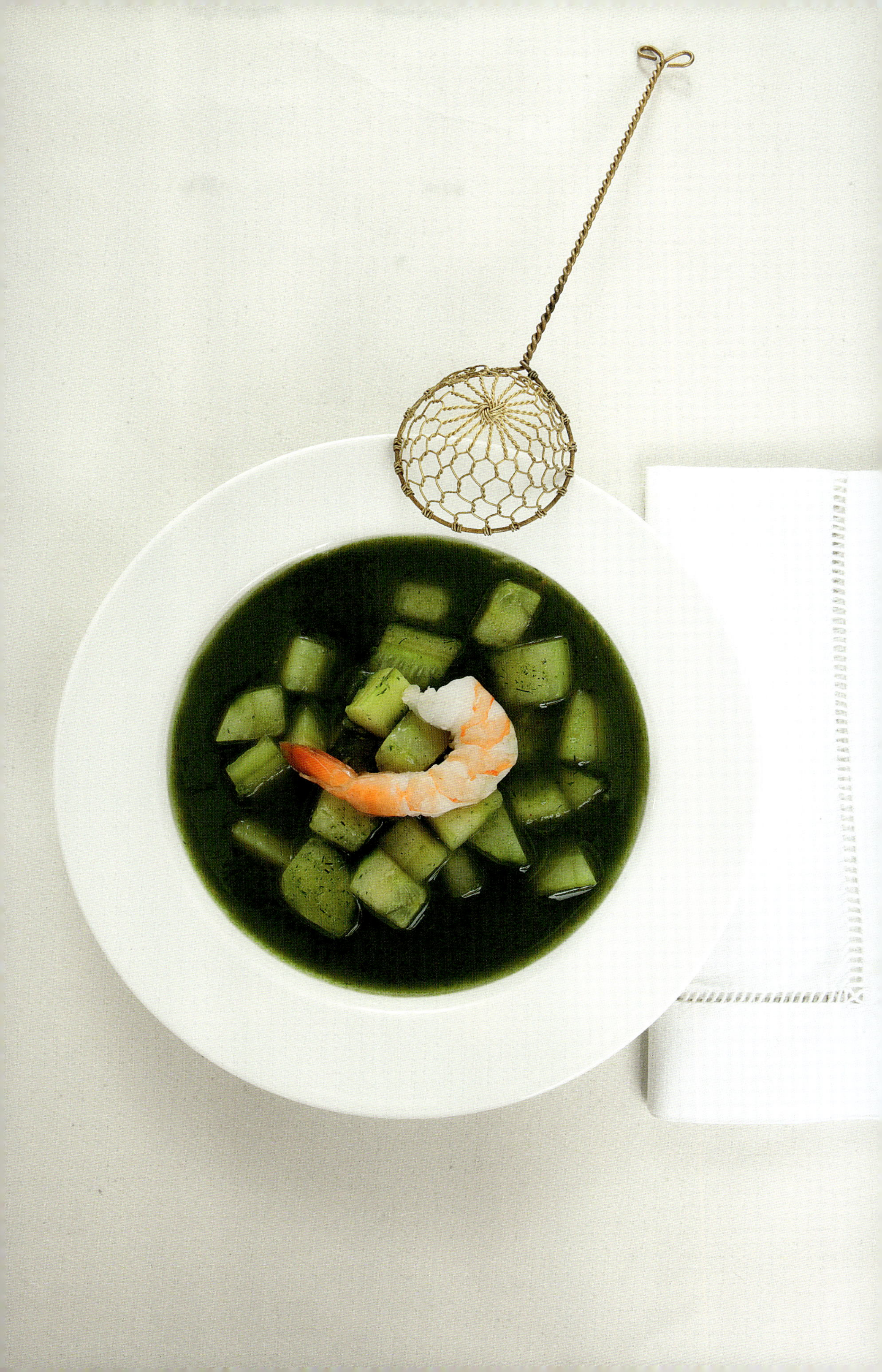

Spargelcrèmesuppe mit Schinkenwelle

Für vier Personen

800 g grüner Spargel
2 kleine Zwiebeln
2 EL Butter
1¼ l Gemüsebrühe
¼ Espressolöffel Sichuanpfeffer oder getrockneter grüner Pfeffer
½ Bio-Zitrone: Saft und abgeriebene Schale
½ Bund frischer Schnittlauch
160 g Schinken, z.B. Wacholder- oder Lachsschinken
4 Schaschlikspieße

Zwiebeln häuten, fein würfeln und in Butter andünsten. Spargel waschen und schälen, die Spitzen abschneiden und separat für die Suppeneinlage im Salzwasser bissfest kochen.
Die Spargelstangen in Stückchen schneiden und zu den Zwiebeln in den Topf geben. Mit Gemüsebrühe aufgießen, weich kochen und sehr fein pürieren. Mit Sichuanpfeffer, Salz, Zitrone (Saft und abgeriebene Schale) abschmecken. Den Schinken wellenförmig auf ein Holzspießchen auffädeln, die Spargelspitzen in die Crèmesuppe einlegen, mit Schnittlauch und Schinkenwelle anrichten.

Sichuanpfeffer, auch als Bergpfeffer oder chinesischer Pfeffer bekannt, kommt hauptsächlich aus Südchina und Vietnam; er besitzt ein wundervolles, prickelndes Zitronenaroma. Diese Sorte Pfeffer ist besonders reich an ätherischen Ölen, er soll Speichelfluss und Verdauung anregen.

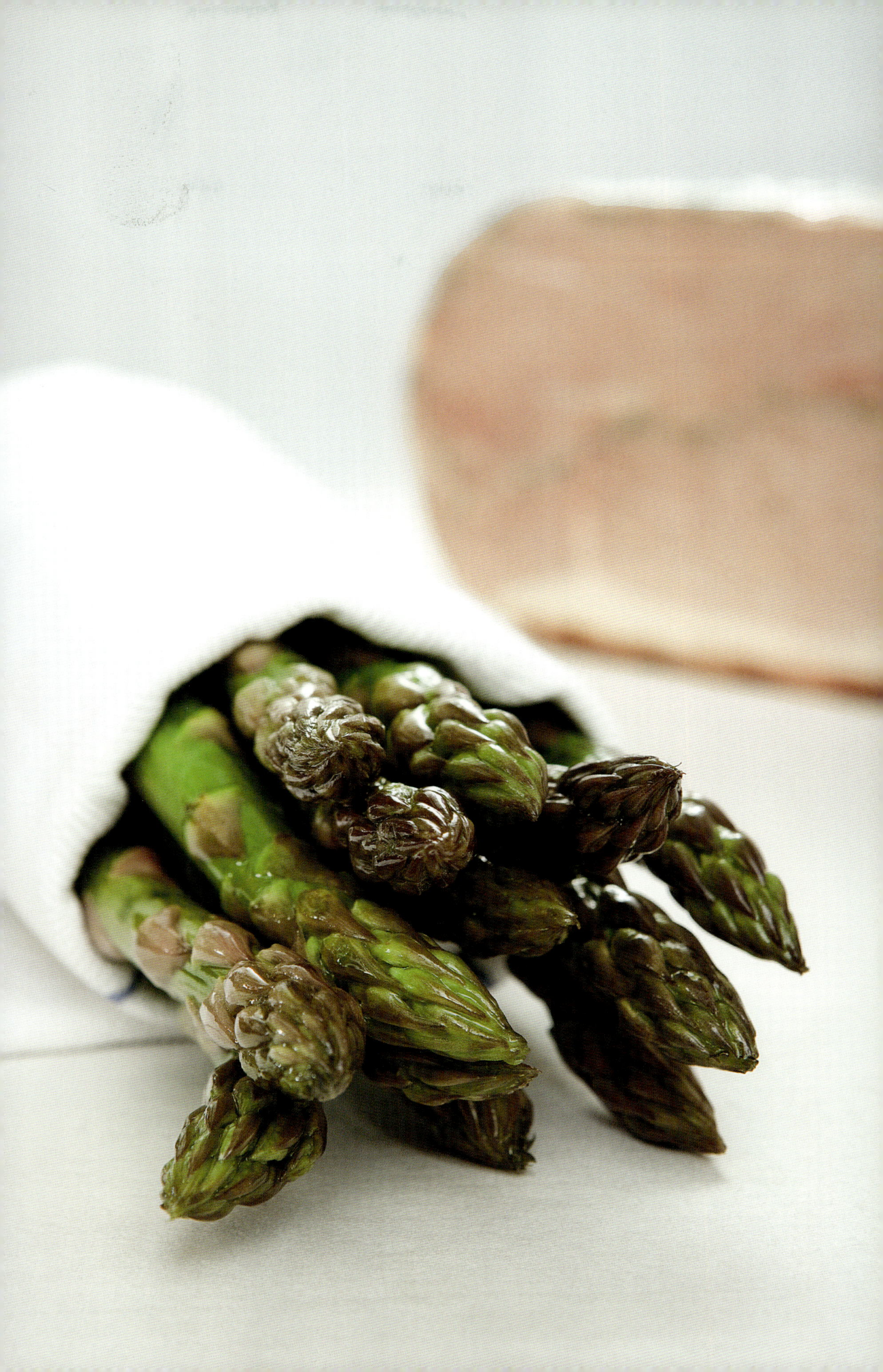

Karotten-Kefir-Curry-Shot

Für vier Personen

500 g Karotten
1 EL Butter
2 kleine Zwiebeln
1¼ l Gemüsebrühe
¼ l Kefir
1 EL Karibisches Curry (Rezept s. S. 169)
Salz und schwarzer Pfeffer nach Geschmack
Frisches Koriandergrün
250 g Beta-Sweet-Karotten
Olivenöl oder Arganöl, kalt gepresst

Zwiebeln häuten, vierteln und in Butter andünsten. Karibisches Curry unterrühren. Karotten schälen, in Scheiben hobeln und dazugeben. Mit Gemüsebrühe aufgießen, weich kochen und pürieren, dann mit Salz und Pfeffer abschmecken. Den Topf vom Herd nehmen. Nach etwa fünf Minuten den Kefir mit einem Schneebesen in die heiße, aber nicht kochende Suppe einrühren. Das Koriandergrün grob hacken, die Beta-Sweet-Karotten raspeln und alles mit ein paar Tropfen Oliven- oder Arganöl zu einem Topping vermischen, das auf der Suppe angerichtet wird.

Beta-Sweet-Karotten sind außen lila und innen orangefarben. Wie kommt's? Ende der 1990er Jahre hat ein amerikanischer Professor die schwarze Ur-Möhre aus dem Orient mit der bei uns handelsüblichen orangefarbenen Karotte gekreuzt. Die lila Karotte gibt es auf Märkten oder im Bioladen. Sie enthält bis zu 40% mehr Betacarotin (gut für Haut und Augen), schmeckt süßlicher, erdiger und ist knackiger. Sie eignet sich hervorragend als Rohkost und ergibt ein ganz besonderes Topping auf unserem Schlankmacher-Süppchen.

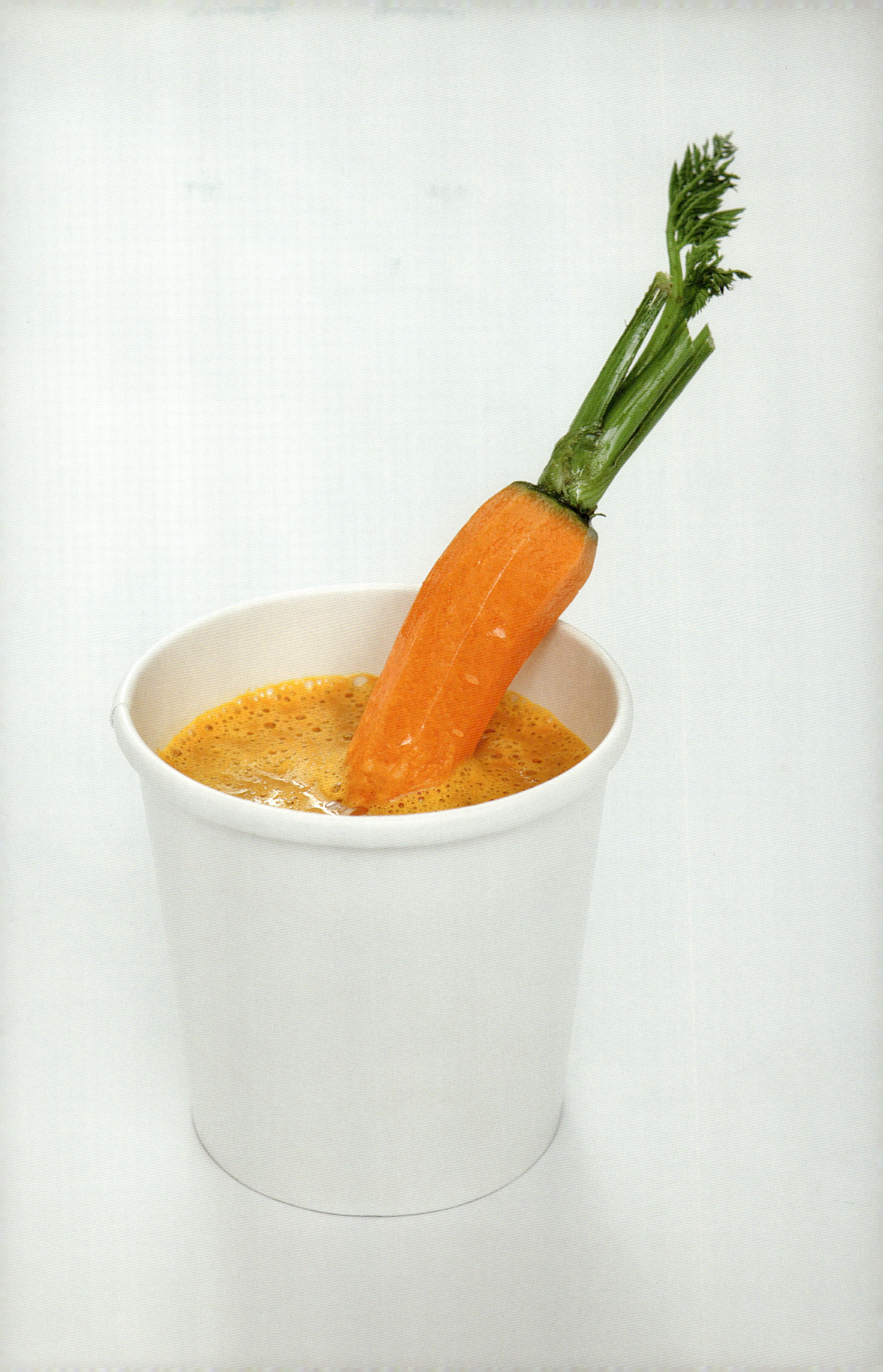

Apfel-Sellerie-Suppe mit schwarzem Sesam

Für vier Personen

3 Bio-Äpfel (Elstar)
2 Bund Staudensellerie
1½ l Gemüsebrühe
1 EL Zitronensaft
1 Zwiebel
3 EL Olivenöl
¼ Espressolöffel gemahlener schwarzer Pfeffer
Salz nach Geschmack
1 EL schwarze Sesamsaat

Äpfel vierteln und entkernen. Einen Apfel fein würfeln, mit Zitronensaft beträufeln und zur Seite stellen. Zwiebel häuten und in grobe Würfel schneiden. Olivenöl in einem Topf erhitzen und die Zwiebel darin glasig dünsten. Apfelviertel und Pfeffer untermischen. Den Staudensellerie waschen, in grobe Stücke schneiden, zwei Stängel fein hacken und zu dem fein gehackten Apfel geben. Die anderen Selleriestücke in den Suppentopf geben, mit Äpfeln und Zwiebeln vermischen und mit Gemüsebrühe ablöschen, alles weich kochen und pürieren. Das Topping aus Apfel und Staudensellerie mit dem schwarzen Sesam mischen und als „Nest" auf die Suppe setzen.

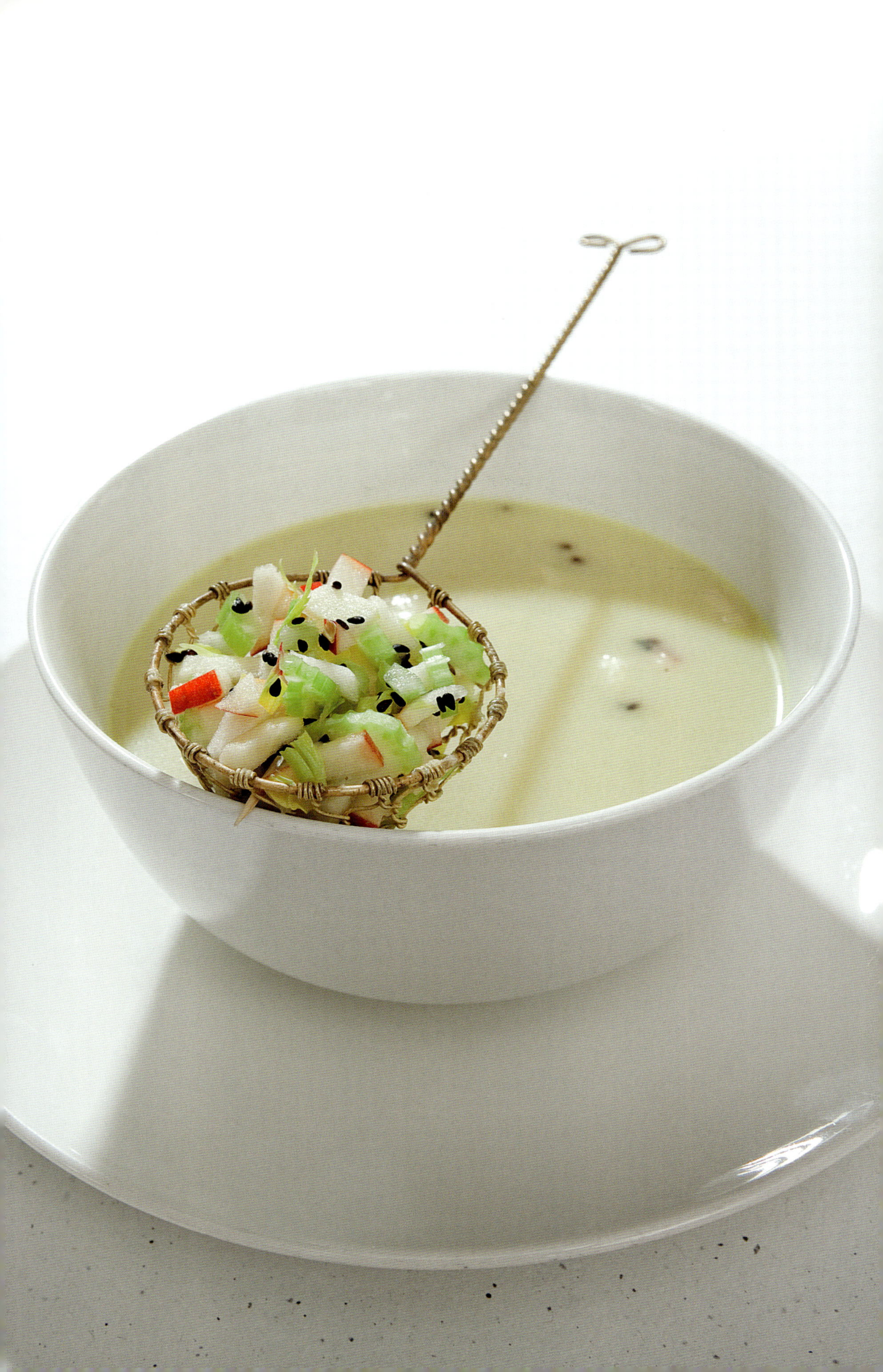

Paprika-Rhabarber-Suppe mit Ingwer

Für vier Personen

3 EL Rapsöl zum Andünsten
35 g frischer Ingwer
4 rote Paprika
200 g Rhabarber
200 g Kartoffeln, mehlig
1¼ l Gemüsebrühe
Salz und schwarzer Pfeffer nach Geschmack

Topping-Möglichkeit:
¼ l Sahne
2 Msp gemahlene Vanille
Fleur de Sel nach Geschmack

Paprika waschen und entkernen, Kartoffeln schälen und in grobe Würfel schneiden. Den frisch geschälten Ingwer sehr fein hacken. Rapsöl im Topf erhitzen, Ingwer, Paprika und Kartoffeln dazugeben und andünsten. Die Rhabarberstangen putzen, abziehen und in Stückchen geschnitten in den Topf geben. Mit der Gemüsebrühe ablöschen und weich kochen. Suppe mit dem Stabmixer pürieren und – wer es mag – mit einem Häubchen gesalzener Vanille-Sahne garnieren.

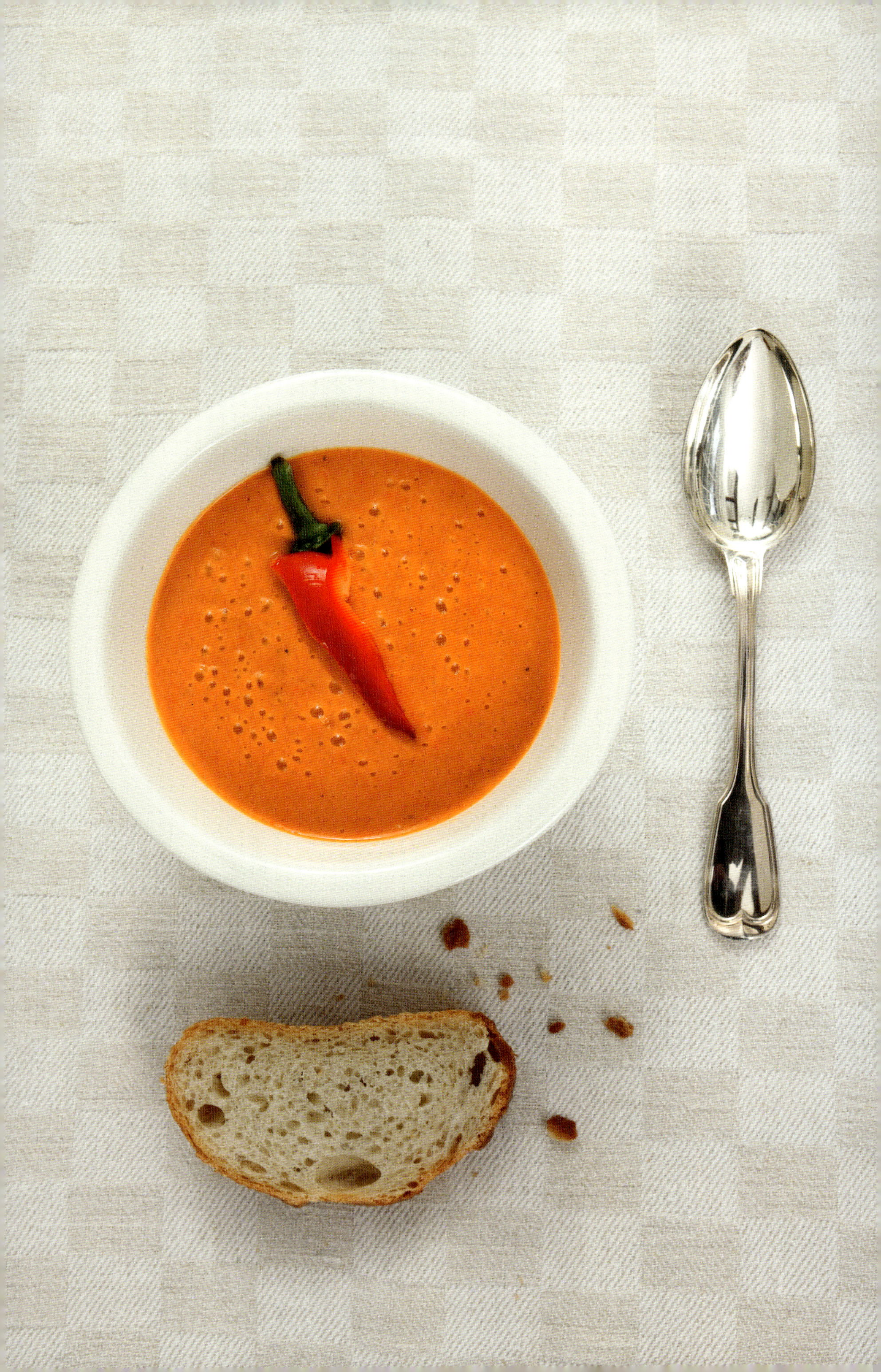

Artischockencrèmesuppe mit Dill

In Wasser eingelegte, geviertelte Artischocken machen dieses Gericht zur „Blitzsuppe" für Gourmets. Frischer Dill und gemahlene Vanille ergeben unser Suppen-Verwöhnaroma.

Für vier Personen

800 g Artischocken (aus der Dose, abgegossen und abgebraust)
2 kleine Zwiebeln
2 EL Olivenöl
150 g Kartoffeln, mehlig
1½ l Gemüsebrühe
Salz und schwarzer Pfeffer nach Geschmack
2 Msp Vanille, gemahlen
1 Bund frischer Dill

Kartoffeln und Zwiebeln schälen, grob würfeln. Olivenöl in einem Topf erhitzen und die Zwiebeln darin andünsten. Pfeffer und gemahlene Vanille, die Kartoffelwürfel und die abgebrausten Artischockenviertel zugeben, mit Gemüsebrühe aufgießen. Ungefähr 15 Minuten lang köcheln lassen, dann die Suppe pürieren und durch ein feines Sieb passieren. Erneut mit dem Pürierstab aufschlagen, den Dill fein hacken und über die Suppe streuen. Wer es mag, setzt noch ein Häubchen aus frisch geschlagener Sahne auf.

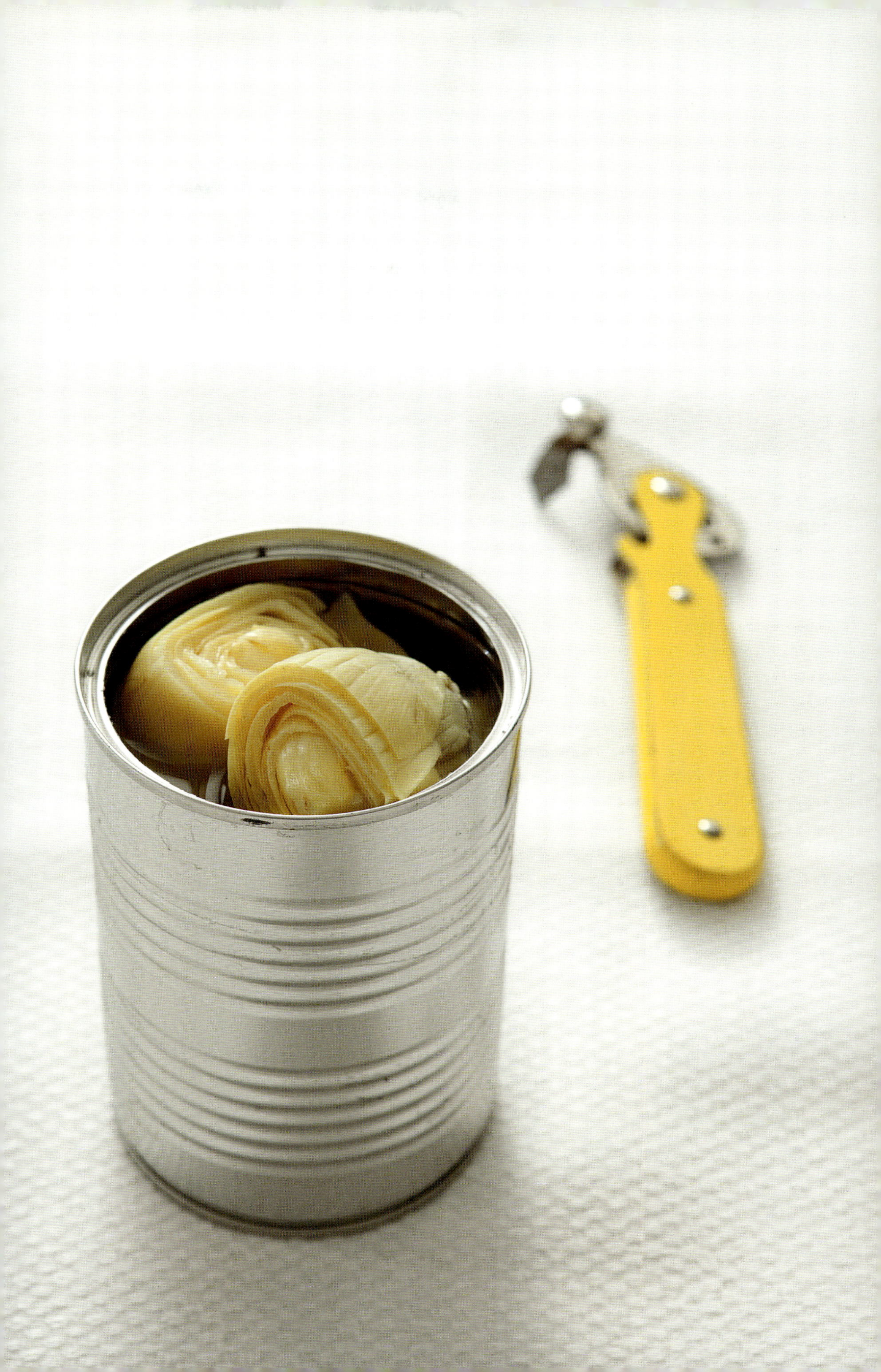

Yellow Curry
แกงกะหรี่
PATE DE

Glücksbringer

... sind die Juwelen im Suppentopf, sie begleiten uns wie ein Talisman durchs Jahr, werden zu Lieblingssuppen. Dank ihrer besonders feinen Zutaten sind einige davon echte „Luxussuppen". Unsere Glücksbringersuppen glänzen bei festlichen Anlässen, verwöhnen Genießer und sind leidenschaftliche Verführer der Sinne.

Sommerlicher Fischeintopf mit frischem Dill

Für vier Personen

4 Karotten
4 Frühlingszwiebeln mit Grün
4 Stängel Staudensellerie mit Grün
3 EL Butter
⅛ l frischer Apfelsaft
¼ l trockener Weißwein, z.B. Chardonnay
1 l Gemüsebrühe
1 Rotbarbenfilet, küchenfertig
1 Pangasiusfilet
4 gekochte Garnelen mit Schwanzschale
250 Lachsfilet
2 Forellenfilets, geräuchert
Gemahlener schwarzer Pfeffer nach Geschmack
3 Lorbeerblätter
1 g Safranfäden

Karotten schälen und grob raspeln, Staudensellerie waschen und fein hacken. Frühlingszwiebeln küchenfertig putzen und mit ihrem Grün in dünne Ringe schneiden. Mit einem scharfen Messer die Haut vom Lachsfilet entfernen und aufheben. Sämtliche Fischfilets einzeln in mundgerechte Stücke schneiden, die geräucherte Forelle und die Garnelen in einem Extraschüsselchen zur Seite stellen. Gemüsebrühe mit Lorbeerblättern zum Kochen bringen, die Lachshaut einlegen und noch einmal aufkochen lassen. Den Sud durch ein feines Sieb in einen anderen Topf gießen (Lachshaut entfernen). Jetzt die Gemüse in den Fond geben und ein paar Minuten lang köcheln lassen. Den rohen Fisch hinzufügen, fünf Minuten ziehen lassen, dann Apfelsaft und Weißwein zugeben, zum Schluss die Garnelen und die geräucherte Forelle. Mit Salz, Pfeffer und Safran abschmecken, mit frischem Dill anrichten und servieren.

Safranfäden zerdrücken Sie am besten im Mörser mit ein paar Tropfen Wasser – dann entfaltet das edle Gewürz sein volles Aroma und verbindet sich wunderbar mit der Suppe!

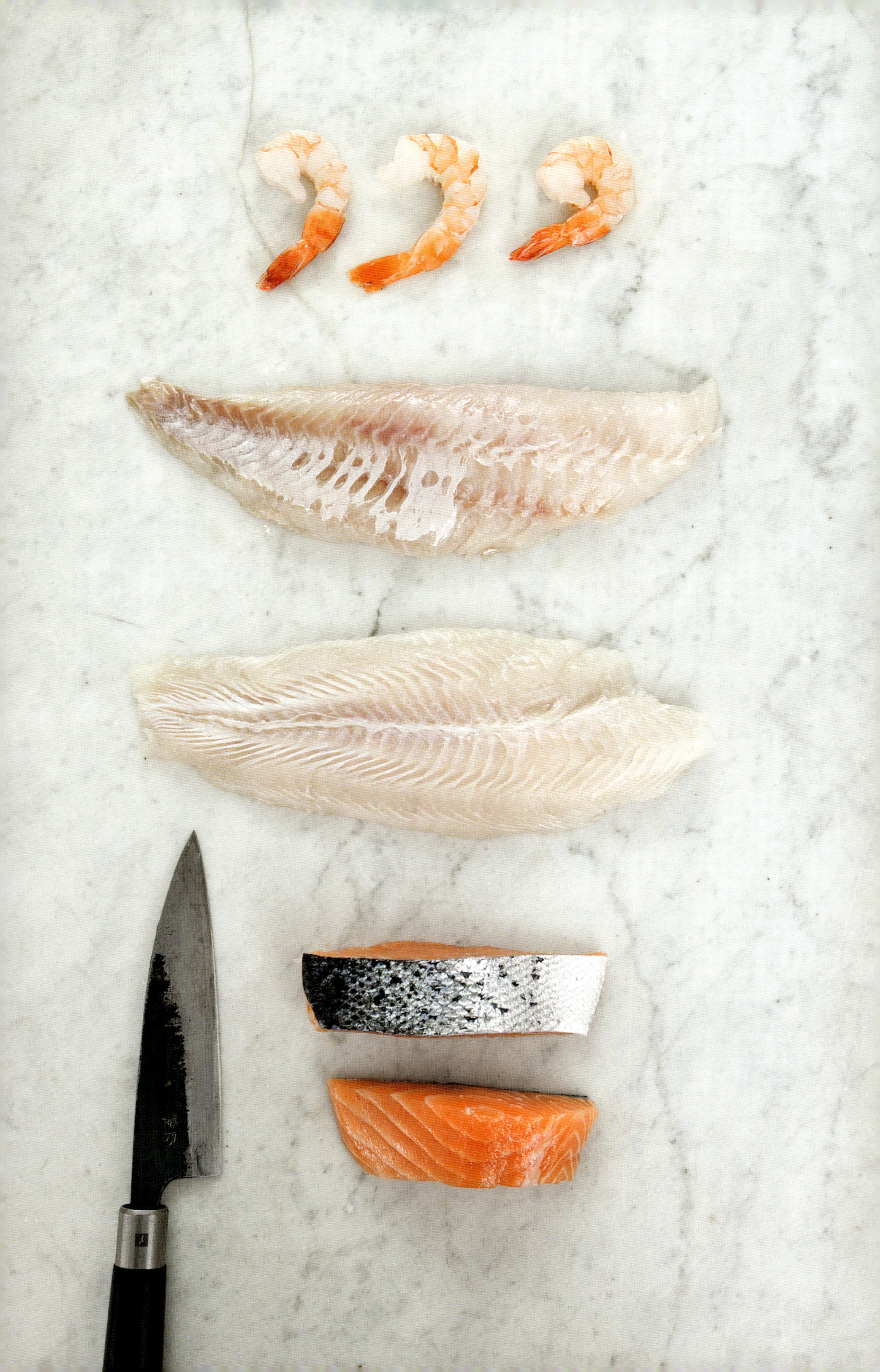

Asiatische Acht-Schätze-Suppe

Für vier Personen

3 Karotten
120 g Zuckerschoten
50 g Bambusschösslinge aus der Dose
2 Stängel Staudensellerie
1 Kohlrabi
2 Frühlingszwiebeln
80 g Sojasprossen
3 EL Erdnuss- oder Rapsöl
2 Hühnerbrustfilets
1¼ l Hühnerbrühe
4 EL Sojasoße
30 g frischer Ingwer
1–1½ EL gelbe Currypaste (Fertigmischung oder Rezept S. 168)
1 Bund frisches Koriandergrün

Stellen Sie sich für die Zutaten zehn kleine Schüsselchen bereit.
Karotten schälen, Staudensellerie waschen. Beide Gemüse mit schräg angesetztem Messer in halbzentimeterdicke Scheiben schneiden. Zuckerschoten waschen und diagonal in ebenfalls mundgerechte Stückchen schneiden. Kohlrabi schälen, halbieren und zu Stiftchen verarbeiten. Die Bambusschösslinge abgießen und genauso behandeln. Frühlingszwiebeln putzen und in Röllchen schneiden, die Sojasprossen abbrausen, den Ingwer schälen und fein hacken. Die Hühnerbrustfilets kurz abwaschen und mit Küchenkrepp trocken tupfen, in mundgerechte Würfel schneiden.
Erdnussöl in einem Topf erhitzen, darin den Ingwer und die Currypaste mischen, das Fleisch dazugeben. Kurz anbraten, dann die Karotten, den Staudensellerie und den Kohlrabi hinzufügen. Die Gemüse kurz mitdünsten, dann mit Hühnerbrühe aufgießen, einmal aufkochen lassen und dann die Zuckerschoten dazugeben. Fünf Minuten ziehen lassen, nun Bambusschösslinge und Sojasprossen unterrühren.
Die Suppe mit Sojasauce abschmecken, auf Schälchen verteilen, die Frühlingszwiebelröllchen darüberstreuen und mit frischem Koriandergrün garniert servieren.

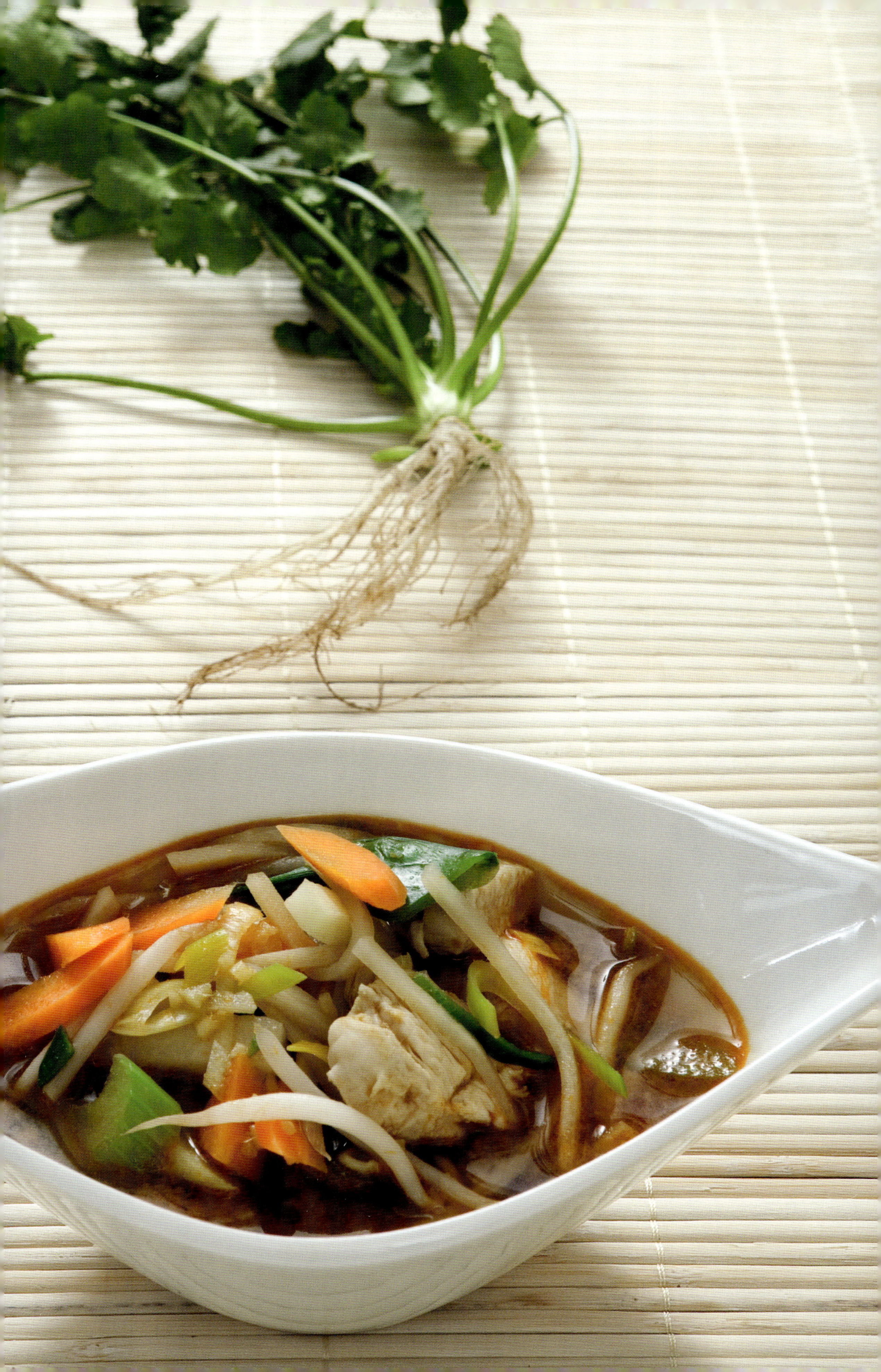

Rote-Bete-Himbeer-Shot

Für vier Personen

600 g Rote-Bete-Knollen
200 g Himbeermark (fertig aus dem Kühlregal oder durch ein feines Sieb passierte frische Früchte)
2 kleine Zwiebeln
2 EL Rapsöl
40 g frischer, gehackter Ingwer
½ Espressolöffel gemahlener schwarzer Pfeffer (nach Geschmack)
1½ l Gemüsebrühe
¼ l süße Sahne
Salz nach Geschmack
2 Msp gemahlene Vanille
½ Bund frischer Dill

Zwiebeln häuten und grob würfeln, Rote-Bete-Knollen schälen und grob würfeln (Handschuhe!). Rapsöl in einem Topf erhitzen und den geschälten, fein gehackten Ingwer mit dem schwarzen Pfeffer kurz andünsten. Die Rote-Bete-Würfel hinzufügen und kurz mitdünsten. Mit Gemüsebrühe aufgießen und so lange kochen, bis die Rote Bete weich ist. Die Suppe vom Herd nehmen und fein pürieren, das frische Himbeermark unterheben. Die Sahne schlagen, leicht salzen und die gemahlene Vanille unterrühren.
Die Rote-Bete-Suppe mit Salz und Pfeffer abschmecken, portionieren, mit einem Klecks frischer Sahne, frisch gehacktem Dill und ein paar frischen Himbeeren anrichten, servieren.

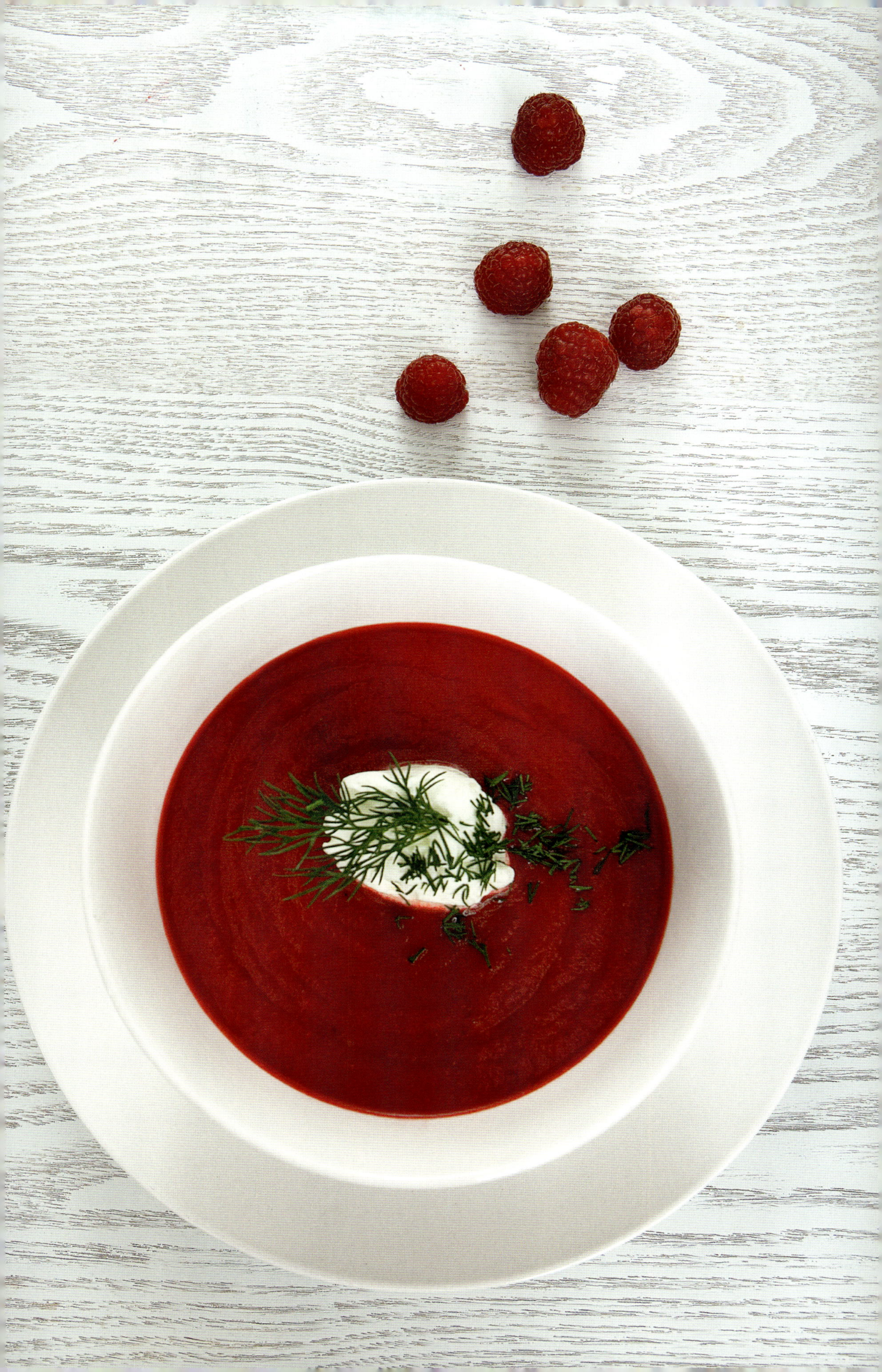

Avocado-Meerrettich-Crèmesuppe mit Mango-Limetten-Topping

Das Fruchtfleich von Avocados wird bräunlich, sobald sie aufgeschnitten sind. Um das zu verhindern, legen Sie einfach die Avocadokerne in das Fruchtfleisch, decken die Früchte mit einer Folie ab und stellen sie in den Kühlschrank. Sie können das Fruchtfleisch dann später weiterverarbeiten – es wird sich nicht verfärbt haben.

Für vier Personen

4 vollreife Avocados
3 EL frisch geriebene Meerrettichwurzel
1 Bio-Limette: Saft und Schale
1 l Gemüsebrühe
Salz nach Geschmack

Für das Topping:
2 reife Mangos
1 Espressolöffel rote Pfefferbeeren
Fleur de Sel nach Geschmack

Gemüsebrühe in einem Topf aufkochen. Die Meerrettichwurzel mit einem scharfen Messer schälen und mit der Küchenmaschine oder per Hand fein reiben, mit dem Limettensaft und der abgeriebenen Limettenschale mischen.
Avocados halbieren, den Kern entfernen und das Fruchtfleisch mit einem Löffel herauskratzen. Die Früchte und den Meerrettich sehr fein pürieren, diese Mousse in die Brühe einrühren und den Topfdeckel auflegen. Die rosa Pfefferbeeren im Mörser zerquetschen. Die Mangos zu beiden Seiten des Kerns durchschneiden, Fruchtfleisch von der Schale lösen, würfeln, mit den rosa Pfefferbeeren und Fleur de Sel mischen.
Die Suppe auf Teller verteilen, mit dem Topping anrichten und servieren.

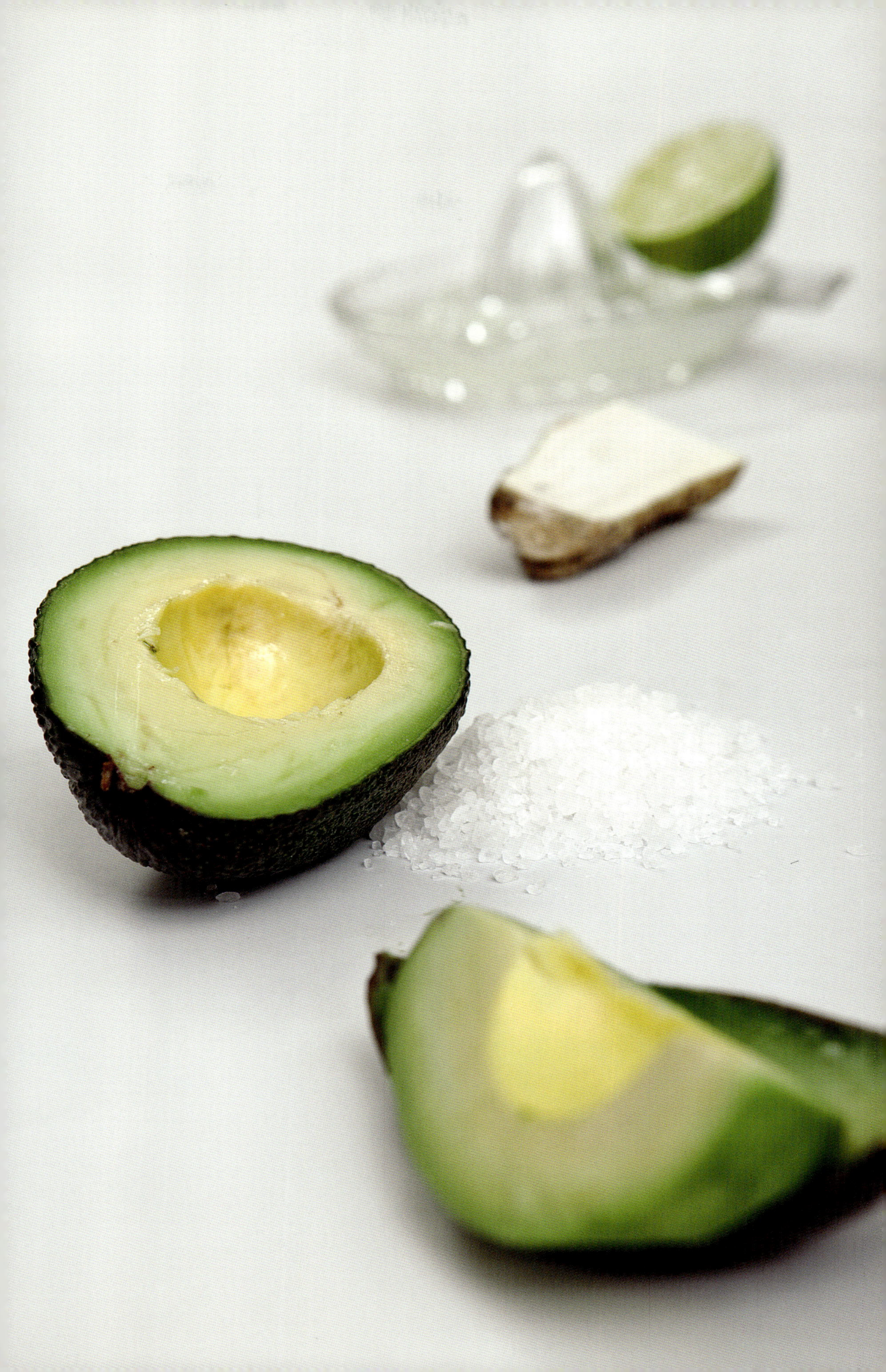

Spargel-Lachs-Topf mit Chili und Kerbel

Für vier Personen

700 g grüner Spargel
700 g weißer Spargel
3 EL Butter
1 Prise brauner Zucker
1¼ l Gemüsebrühe
¼ l trockener Weißwein, z.B. Lugana
600 g frisches Lachsfilet, küchenfertig
1 TL getrocknete Chiliflocken
2 Handvoll frischer Kerbel
Salz nach Geschmack

Weißen Spargel schälen, grünen Spargel am unteren Ende frisch anschneiden. Beide Sorten in mundgerechte Stückchen schneiden. Butter im Topf auslassen, Chiliflocken einrühren und den Spargel sowie eine Prise braunen Zucker dazugeben, in der Butter wenden. Mit Weißwein und Gemüsebrühe ablöschen, köcheln, bis der Spargel bissfest ist. Währenddessen das Lachsfilet mit einem scharfen Messer von seiner Haut befreien und in Würfel schneiden. Den Topf vom Herd nehmen, den Lachs in die heiße Suppe einlegen und ziehen lassen. Auf tiefe Teller verteilen. Frischen Kerbel fein hacken, auf die Suppe streuen und servieren.

Kerbel hat zarte, feine Blättchen und riecht ein bisschen nach Anis. Um es im Kühlschrank aufbewahren zu können, sollten Sie dieses empfindsame Kraut in feuchtem Küchenkrepp einwickeln, damit es frisch bleibt. Auch wenn der Kerbel schon kleine weiße Blüten trägt, ändert das nichts an seinem feinen, süßlichen Geschmack; der Suppe verleiht das einen besonderen, sommerlichen Touch.

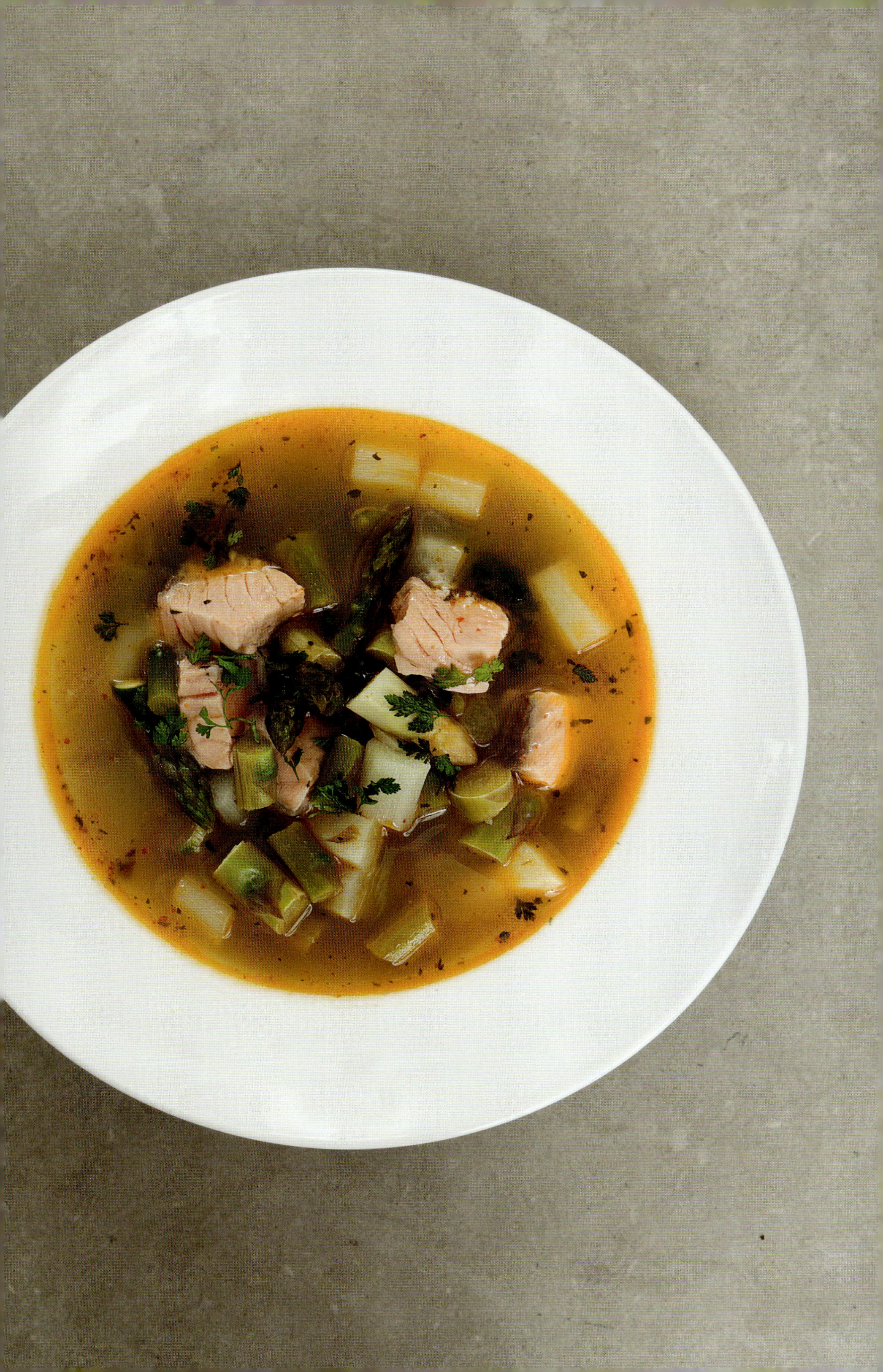

Hochzeitssuppe mit Tomaten, Ingwer und Garnelen

Diese Suppe hat sich ein Hochzeitspaar gewünscht, dem wir eine „Suppenhochzeit" ausrichten durften. Für die Festgäste gab es verschiedene Vorspeisensüppchen, als Hauptgerichte feine Eintöpfe und eben diese Hochzeitssuppe – den Glücksbringer. Natürlich haben verschiedene Dessertsüppchen der Hochzeit zu ihrem krönenden Abschluss verholfen. Unser Paar war glücklich und die Gäste von der „Suppenhochzeit" in jeder Hinsicht begeistert.

Für vier Personen

4 frische, reife Tomaten, ungefähr 600 g
25 g frischer Ingwer
1 Stängel Zitronengras
1 EL frischer Zitronensaft
¼-½ frische Chilischote (je nach Schärfegrad)
¾ l Kokosmilch, ungesüßt
1 EL Tomatenmark
¼ l Gemüsebrühe
½ Bund Frühlingszwiebeln
Salz und schwarzer Pfeffer nach Geschmack
8-12 gekochte Garnelen mit Schwanz, vom Fischhändler

Tomaten am Strunk sternförmig einschneiden, mit kochendem Wasser überbrühen und ein paar Minuten stehen lassen, dann kalt abschrecken, damit sich die Schale abziehen lässt. Fruchtfleisch in mundgerechte Stückchen schneiden und zur Seite stellen. Ingwer schälen und fein hacken, Zitronengrasstängel an den Enden sauber abschneiden, anquetschen, halbieren und mit dem fein gehackten Chili (mit Handschuhen arbeiten!) ohne die Kerne (zu scharf!) in einen Topf geben. Mit Kokosmilch und Gemüsebrühe aufgießen, Tomatenmark unterrühren und den Sud bei mittlerer Hitze etwa 15 Minuten einkochen lassen, dabei immer wieder umrühren.
Währenddessen die Frühlingszwiebeln putzen und in dünne Ringe schneiden, das Grün mitverwenden und zur Seite stellen. Die Zitronengrasstängel aus der Kokosmilch fischen, die Suppe mit Salz, Pfeffer und Zitronensaft abschmecken. Die Tomatenwürfel in die Suppe einrühren, noch einmal kurz aufkochen lassen und den Topf dann vom Herd nehmen. Zwei Schöpflöffel Suppe abnehmen, in einem hohen Gefäß fein pürieren und mit dem Rest vermischen. Die Garnelen einlegen und ein paar Minuten lang in der Suppe warm werden lassen. Mit den Frühlingszwiebeln und frischem Koriandergrün garniert servieren.

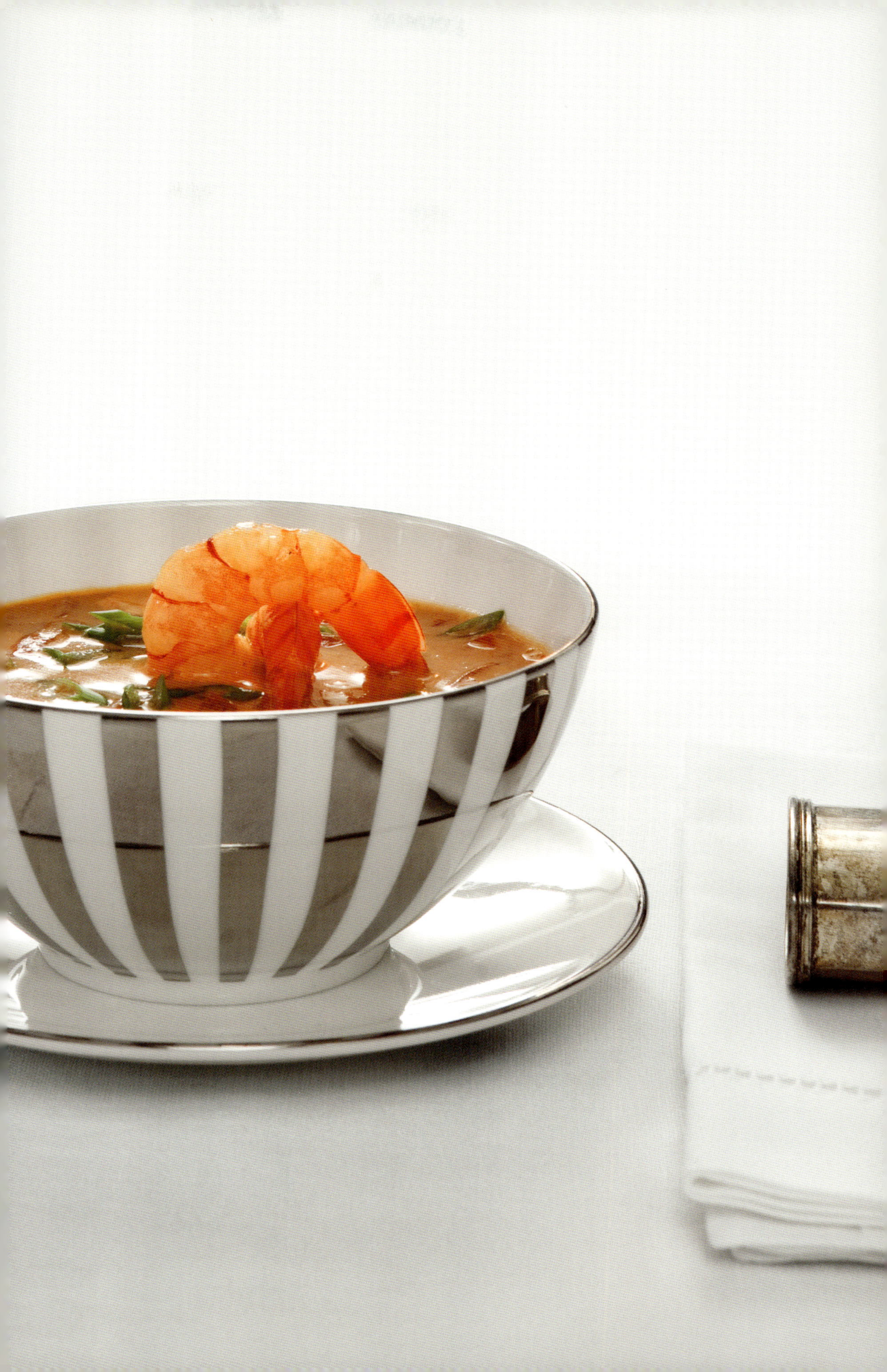

Pot-au-feu mit Kaninchen, Zucker- und Okraschoten

Für vier Personen

2 frische Kaninchenschlegel
1 El Rapsöl
150 g Okraschoten
100 g Zuckerschoten
2 Karotten
3 Schalotten
¼ l süße Sahne
¼ l trockener Weißwein, z.B. Lugana
¾ l Gemüsebrühe
1 g Safranfäden
1 Zimtstange
½ Espressolöffel gemahlener schwarzer Pfeffer
Salz nach Geschmack
½ Bio-Zitrone: Saft und abgeriebene Schale
Frisches Zitronenbasilikum (ersatzweise Petersilie)
1 Msp Vanille, gemahlen

Karotten schälen, in kleine Würfel schneiden. Zuckerschoten und Okraschoten waschen, an den Enden putzen, halbieren.
Die Kaninchenschlegel salzen und pfeffern. In einer beschichteten Pfanne im Öl von beiden Seiten anbraten, anschließend in einen großen Topf legen. Schalotten häuten, fein würfeln und dazugeben. Jetzt den Topf auf den Herd stellen, einschalten, die Schalotten mitschmoren. Mit Weißwein ablöschen, Gemüsebrühe und Zimtstange dazugeben.
Die Kaninchenschlegel gute 20 Minuten lang schmoren, die Zimtstange entfernen, dann die Karottenwürfel und die Sahne dazugeben, weitere zehn Minuten köcheln lassen. Die Safranfäden mit einem Tropfen Wasser im Mörser zerreiben, in den Eintopf einrühren. Zucker- und Okraschoten hinzufügen, mitköcheln lassen, bis sie bissfest sind. Dann die Kaninchenschlegel aus dem Topf nehmen, entbeinen, das Fleisch in mundgerechte Stücke schneiden und wieder in den Topf geben, untermischen. Den Eintopf mit Zitronensaft und -schale abschmecken. Vom Herd nehmen, vor dem Servieren fünf Minuten ruhen lassen und mit dem frischen Zitronenbasilikum (oder der Petersilie) bestreut servieren.

Beim Kochen sondern die Okras eine dickliche Substanz ab, die Eintöpfe auf natürliche Art bindet. Wer das nicht mag, legt die Schoten vor dem Kochen einfach ein bis zwei Stunden in kaltes Zitronenwasser oder blanchiert sie drei Minuten lang in heißem Essigwasser.

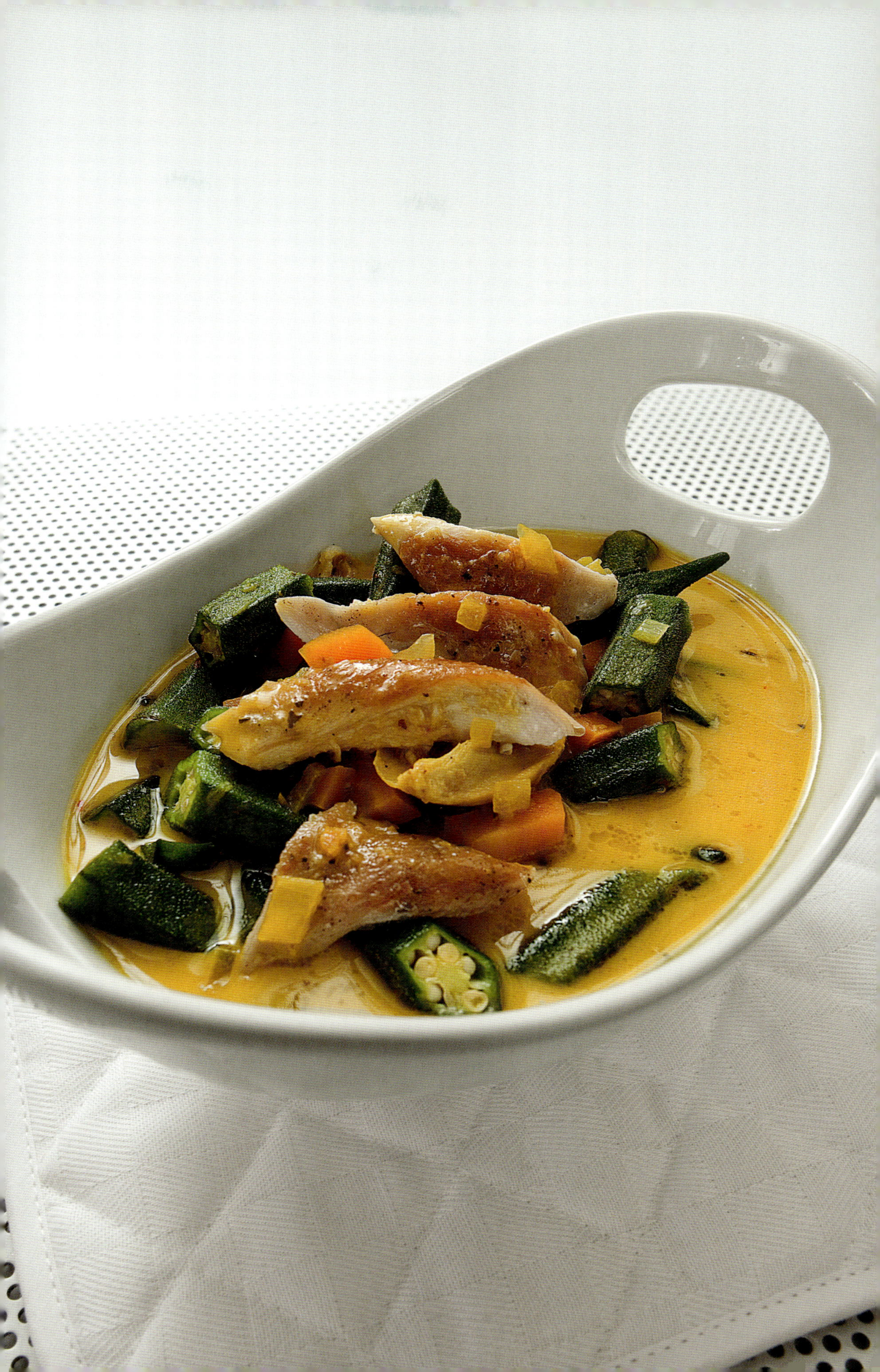

Thai-Muschel-Kokos-Suppe

Für vier Personen

1½ kg Muscheln
1 Bund Frühlingszwiebeln
2 Karotten
2 Knoblauchzehen
2 EL Olivenöl
200 ml trockener Weißwein
1–1½ EL gelbe Currypaste (Fertigmischung oder Rezept s. S. 168)
1 l Gemüsebrühe
1 l Kokosmilch, ungesüßt
2 Handvoll frische Meeresalgen vom Fischhändler
Salz und Pfeffer nach Geschmack
Frischer Zitronensaft nach Geschmack

Die Muscheln gründlich waschen und säubern, offene Muscheln AUF KEINEN FALL verwenden, sondern aussortieren und wegwerfen! Karotten und Knoblauch schälen, fein würfeln, Frühlingszwiebeln mit Grün in dünne Ringe schneiden. Alles kurz in Olivenöl andünsten und die Muscheln dazugeben. Mit Weißwein ablöschen und etwa vier Minuten köcheln lassen. Durch ein Sieb abgießen und auch den Muschelsud auffangen. Das Muschelfleisch aus den Schalen lösen, nur ein paar Muscheln in ihren Schalen lassen und zum Garnieren auf die Seite stellen. Die Currypaste mit der Kokosmilch im Topf auflösen, den Muschelfond mit dem Wurzelgemüse unterrühren und rund zehn Minuten lang einkochen lassen. Muschelfleisch und Meeresalgen in der Suppe erwärmen, die Muscheln in den Schalen dazugeben, mit Salz, Pfeffer und Zitronensaft abschmecken – und genießen!

Currypaste gibt es im Asia-Laden in verschiedenen Zusammensetzungen: als (meist sehr scharfe) rote Paste, als etwas mildere gelbe Paste und als grüne Paste, die sich vor allem für asiatische Suppen mit Rindfleisch oder Fisch eignet. Im Kühlschrank können Sie die Paste auch geöffnet ein gutes halbes Jahr lang aufheben.

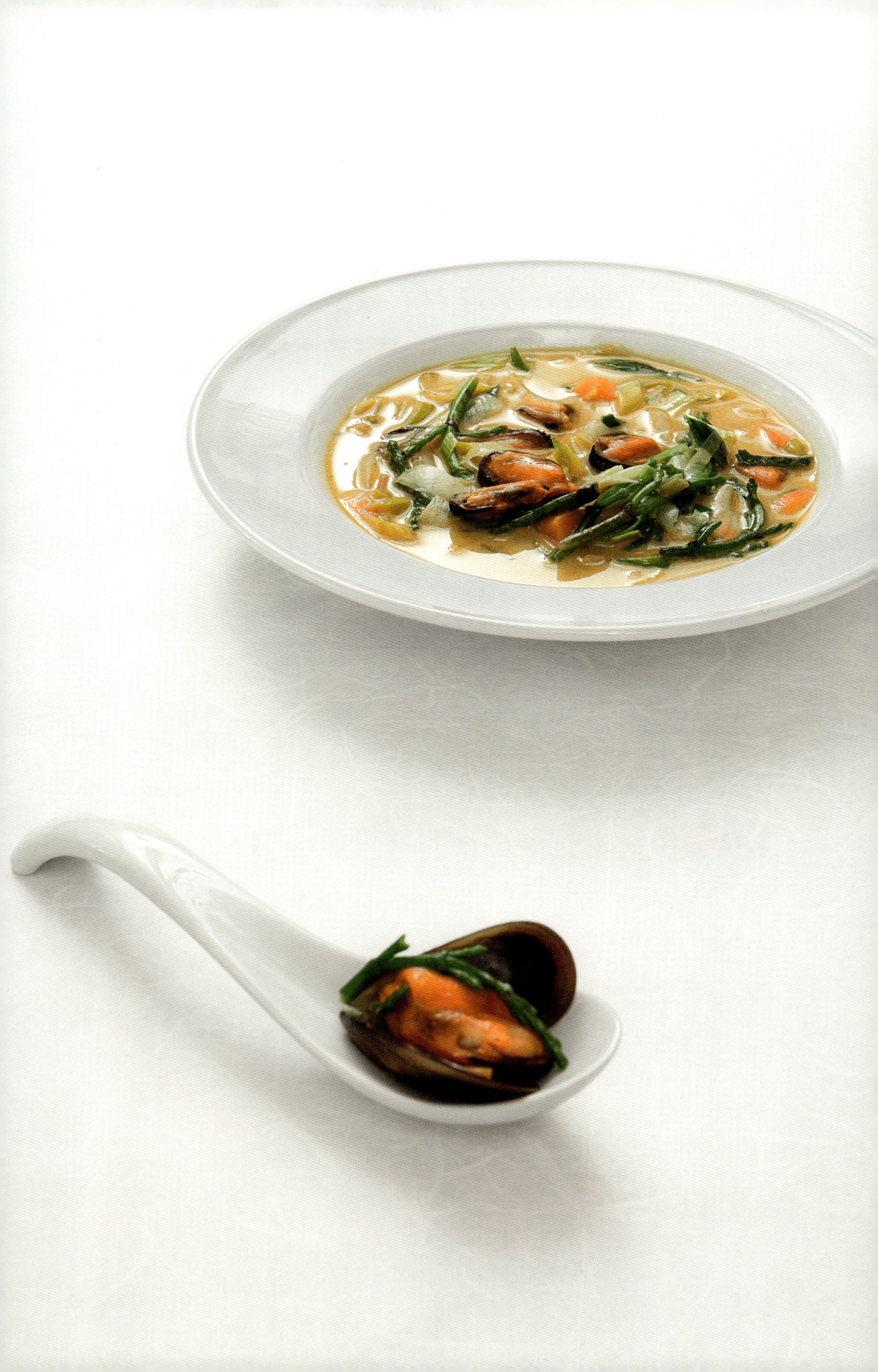

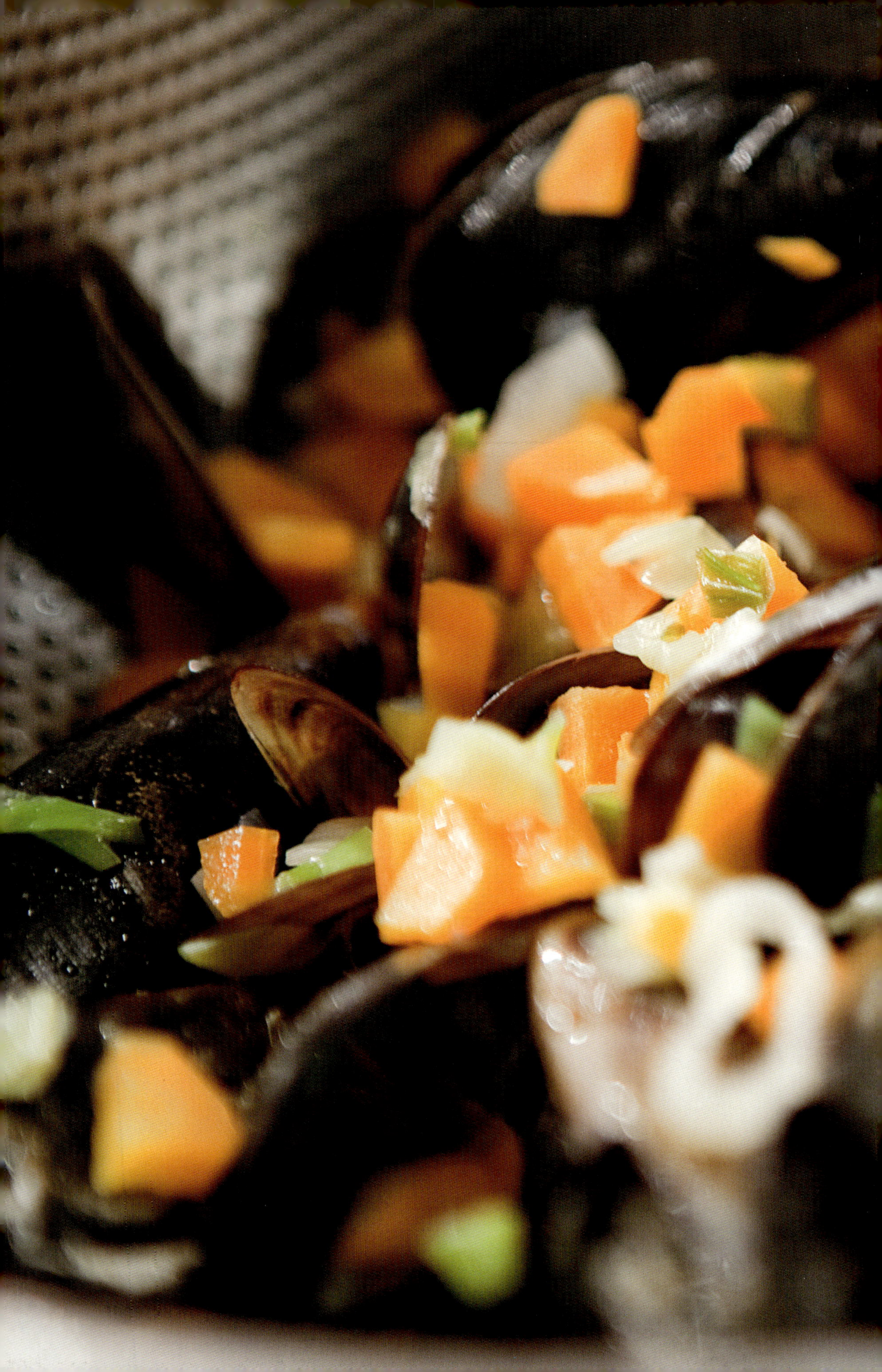

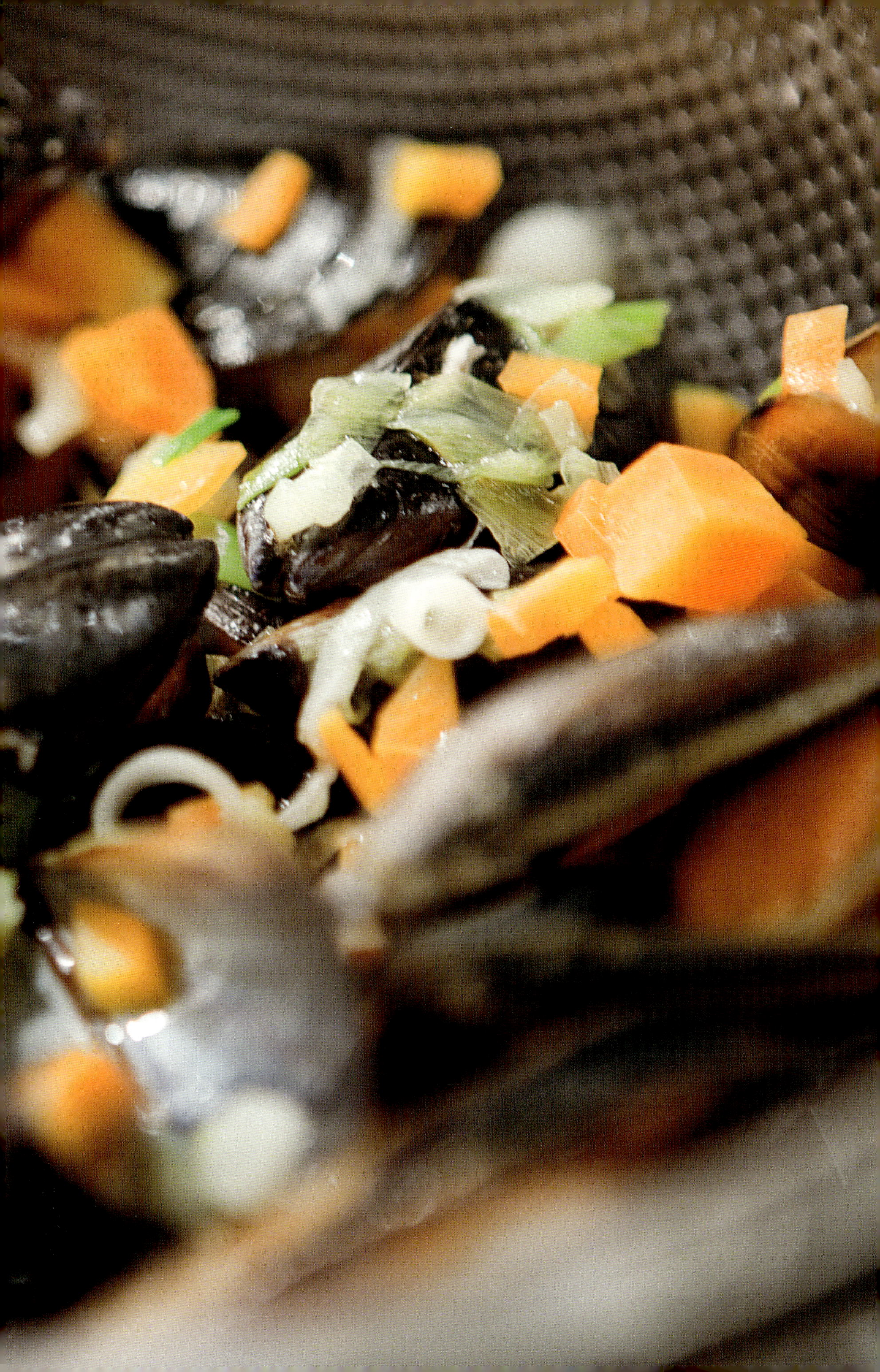

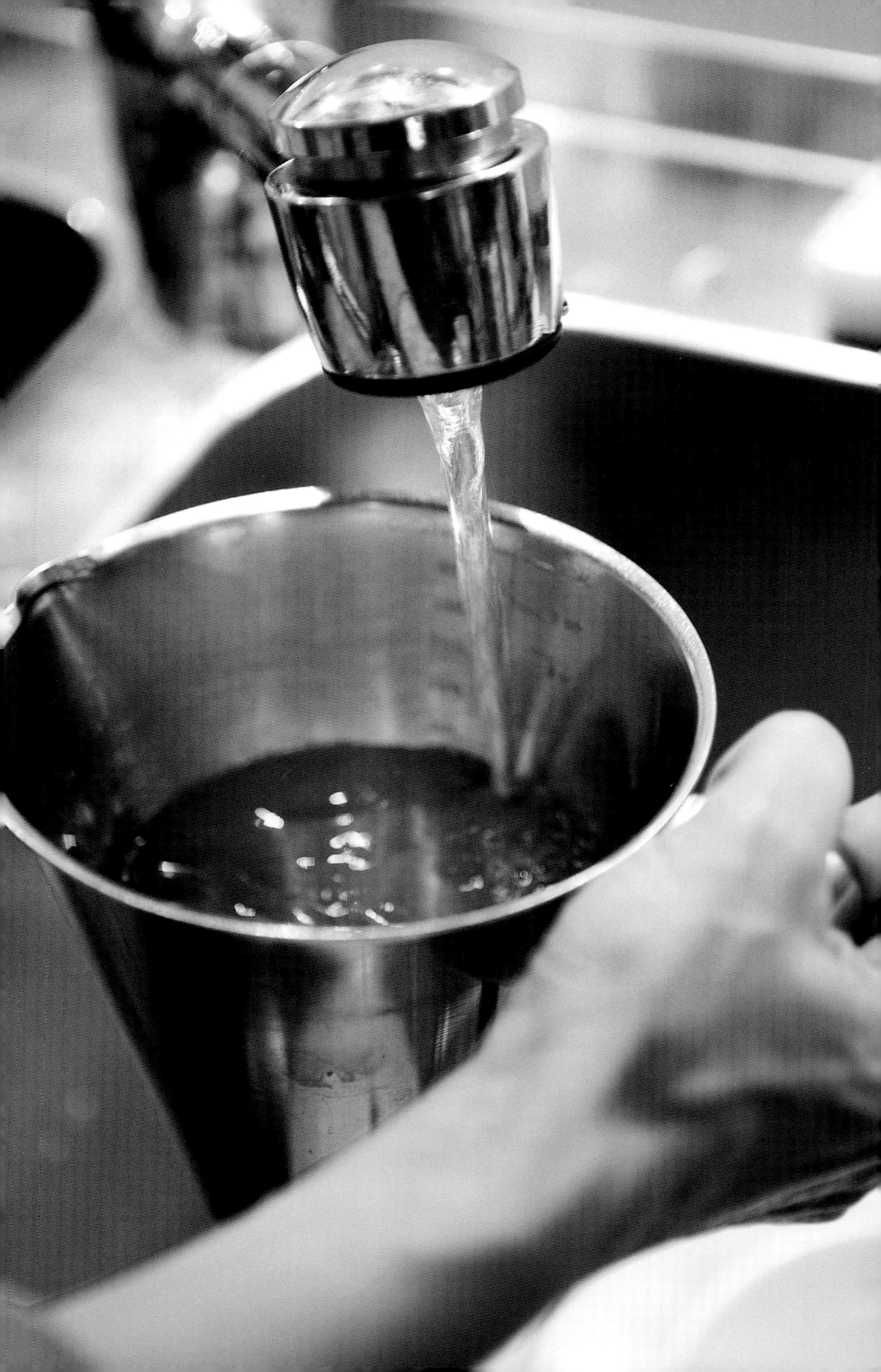

Die Basis für gelungene Suppen und Eintöpfe ist immer eine gute Brühe (Bouillon). Zweifellos ist die selbst gekochte Gemüse-, Hühner- oder Rinderbrühe unvergleichlich, weil Sie wissen, was in Ihren Kochtopf kommt! Die Grundrezepte dafür finden Sie in diesem Kapitel.

Wenn Sie sich die (ungemein lohnende) Arbeit machen, sollten Sie auch immer den größten Topf füllen, den Ihre Küche hergibt. Denn die „überschüssige" Brühe können Sie einfach einfrieren oder kochend in saubere Twist-off-Gläser füllen und bei Bedarf schnell hervorzaubern. Allerdings muss niemand auf eine leckere und gesunde Suppe verzichten, nur weil ihr oder ihm die Zeit fehlt, selbst eine Brühe zu kochen!

Ich habe lange nach einer Instant-Gemüsebrühe gesucht, weil wir für 90 Prozent unserer Suppen Gemüsebrühe verwenden und diese Mengen in unserem kleinen Laden gar nicht herstellen könnten.
Inzwischen gibt es tatsächlich Gemüsebrühen OHNE Zucker, Fett und andere Zusatzstoffe wie Glutamat und weitere Geschmacksverstärker. Studieren Sie beim Einkaufen sorgsam die Zutatenliste auf dem Etikett, fragen Sie im Reformhaus, im Bioladen und im Gewürzladen, auf welcher Basis die jeweilige Gemüsebrühe hergestellt ist. Sie bestimmen, was in Ihrem Suppentopf landet, denn natürlich sind Fonds und Instant-Gemüsebrühen Helfer im Alltag und durchaus sinnvolle Alternativen. In meinen Rezepten verwende ich fast ausschließlich Gemüsebrühe, selbst wenn ich einen Eintopf mit Fleisch zubereite. Das Hühner- oder Rindfleisch gibt beim Garen seinen Geschmack an die Gemüsebrühe ab, frisches Gemüse verstärkt das Aroma und mit feinen Gewürzen entsteht ein echtes Suppenglück.

Mit dem Suppenglück ist es wie mit allen Glücksgefühlen: Wie dick oder dünn Ihre Suppe sein soll, d.h. welche Flüssigkeitsmenge für Sie richtig ist, müssen Sie selbst herausfinden. Beachten Sie dabei auch, dass Gemüse verschiedene Strukturen und Härtegrade hat: Rote Bete zum Beispiel braucht länger (rund 20 Minuten, je nach Dicke der Scheiben), bis sie bissfest ist, Zucchini brauchen nur ein paar Minuten in der Brühe zu ziehen, andernfalls werden sie zu weich. Deshalb sind die Angaben in den Rezepten hinsichtlich Flüssigkeitsmengen und Garzeiten Richtwerte. Wenn Sie also Ihre Crèmesuppe beispielsweise dünner haben möchten, sollten Sie einfach einen Viertel Liter mehr Flüssigkeit verwenden, entsprechendes gilt für Eintöpfe usw.

Außerdem benötigt eine gute Suppe kein Mehl zum Binden. Wenn Sie genug Gemüse verwenden und es mit dem richtigen Werkzeug fein pürieren, bekommt Ihre Suppe von ganz allein eine wunderbar cremige Konsistenz. Auch macht Sahne eine gute Crèmesuppe nicht besser. Mir dient sie nur als luftiger Kick, mit einem Gewürz veredelt als feines Häubchen.
Mit Kokosmilch sollten Sie Ihre eigenen Tests durchführen: Der Handel bietet ganz unterschiedliche Qualitäten an (siehe Etikett!). Auch hier bin ich ein Fan von Geschmacksergänzung, Kokosmilch sollte den Geschmack der anderen Zutaten nicht überdecken!

Hier folgen nun die Basisrezepte für vier Suppengrundlagen, und bei der Brühe gilt natürlich auch: Experimentieren Sie mit Ihren Lieblingskräutern und -gewürzen, finden Sie selbst heraus, was Ihnen am besten schmeckt und bekommt!

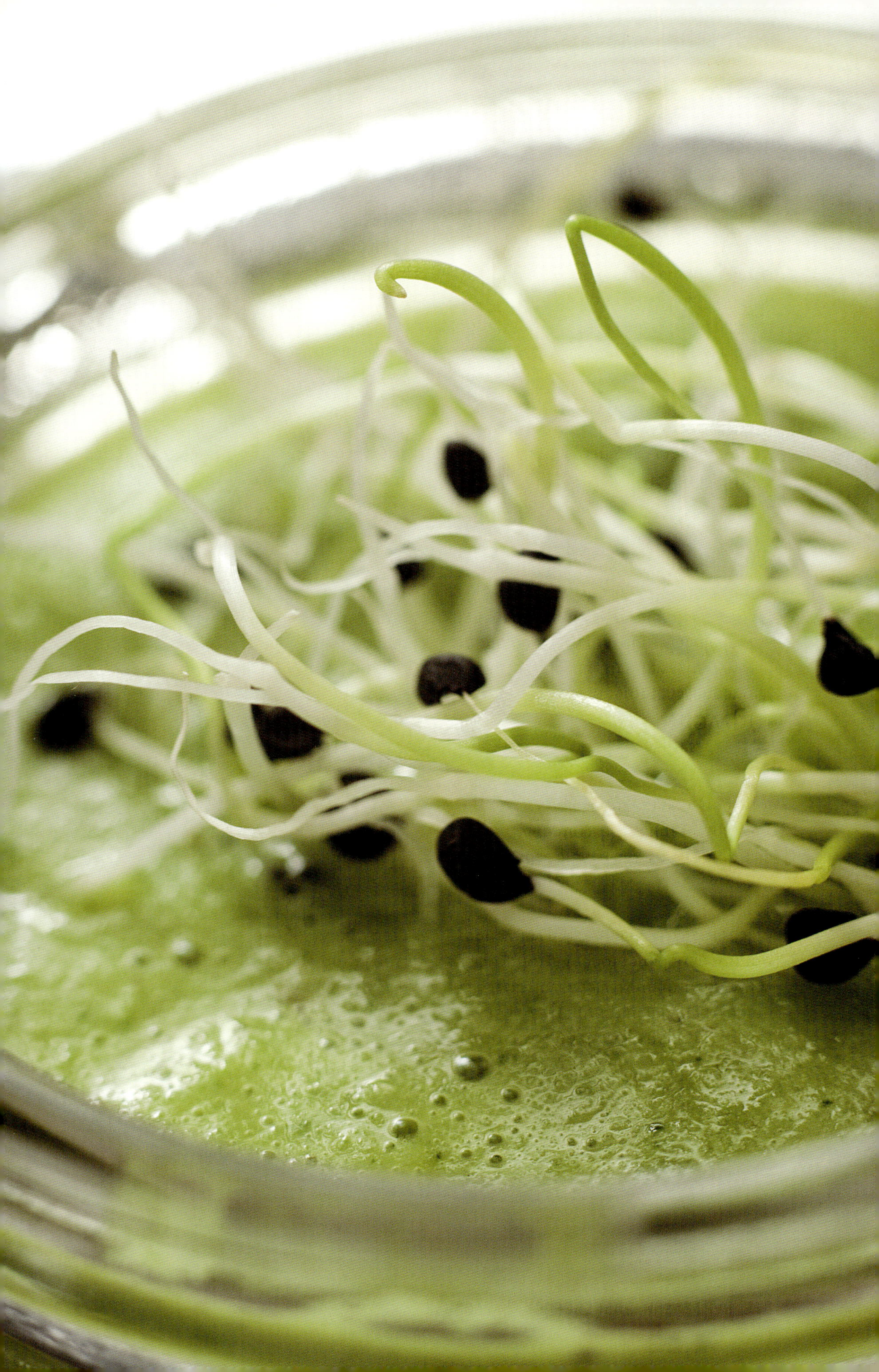

Gemüsebrühe/Gemüsebouillon

Für vier Liter

3 l Wasser
4 Karotten
1 Bund Staudensellerie
2 Petersilienwurzeln oder Pastinaken
2 Stangen Lauch
2 Knollen Fenchel
1 Bund Petersilie
2 Rosmarinzweige
1 TL Pfeffer
2 Stängel Zitronengras
Olivenöl zum Andünsten
1½ TL Meersalz

Die Gemüse putzen und in grobe Stücke schneiden. Das Olivenöl im Topf erhitzen und die Gemüse darin andünsten. Die Zitronengrasstängel mit dem Mörserstößel anquetschen, die Gewürze zugeben. Mit dem Wasser aufgießen und eine Stunde leise kochen lassen.

Gemüsebrühe pur ist der ideale Schlankmacher. Bei einer Fastenbrühe lassen Sie das Andünsten des Gemüses in Öl einfach sein, legen Ihr Lieblingsgemüse stattdessen direkt in das Wasser und bringen es dann zum Kochen. Da die Geschmackssinne während des Fastens wieder sensibler werden und der Körper entgiftet, ist das Aroma von frischen Kräutern wie Basilikum, Rucola oder Petersilie eine echte Erleuchtung.
Falls Sie das Gemüse nicht als Suppeneinlage verwenden, können Sie daraus unter Zugabe von zwei Esslöffeln Crème fraîche, zwei Prisen frisch geriebener Muskatnuss oder abgeriebener Zitronenschale mit dem Pürierstab ein Püree aufschlagen und es als Dipp oder Beilage zu Fleisch und Fisch verwenden.

Hühnerbrühe/Hühnerbouillon

Für drei Liter

3½ l kaltes Wasser
1½ TL Meersalz
1 Huhn (etwa 1-1½ kg)
4 Karotten
½ Sellerieknolle mit Grün
3 Zwiebeln
½ Bund Petersilie
2 Lorbeerblätter
½ TL gemahlener schwarzer Pfeffer
½ TL Pimentkörner
2 Zentimeter frische Ingwerwurzel, geschält und in Scheiben geschnitten
1 EL frischer Zitronensaft

Klassischerweise können Sie ein Suppenhuhn verwenden. Ich nehme auch gerne ein Brathühnchen. Das ist zwar fetter (den Fettspiegel können Sie von der kalten Suppe einfach abschöpfen), aber meist eben auch fleischiger.
Das Huhn in das KALTE Salzwasser einlegen und alles zum Kochen bringen. Das Gemüse im Ganzen, den Sellerie grob geviertelt hinzufügen, dann die Gewürze, und alles rund zwei Stunden köcheln lassen. Das Huhn herausnehmen, entbeinen, d.h. von Haut und Knochen befreien. Die Hühnerbrühe durch ein feines Sieb in einen anderen Topf abgießen, Fleisch und Gemüse klein schneiden, als Suppeneinlage verwenden.

Falls Sie das Gemüse nicht für Ihre Suppe brauchen, können Sie daraus einen lauwarmen Salat zaubern. Mit Nussöl, Sesamsaat und Fleur de Sel sowie frischen Kräutern eine herrliche Vorspeise!

Rinderbrühe/Rinderbouillon

Für vier Liter

600 g Suppenfleisch (Tafelspitz)
400 g Markknochen
4 l Wasser
2 Zwiebeln
3 Karotten
1 Stange Lauch
½ Sellerieknolle
1 Bund Liebstöckel
3 Lorbeerblätter
½ TL Pimentkörner
½ TL Pfeffer
1½ TL Salz
3 frische Thymianzweige
Ein Schuss trockener Sherry (nach Geschmack)

Fleisch und Knochen in kaltem Wasser aufsetzen, zum Kochen bringen, dabei mit einer Kelle den Schaum abnehmen. Die Zwiebeln mitsamt der Schale halbieren und in einer beschichteten Pfanne ohne Fett auf der Schnittseite anrösten, bis sie braun ist. Die angerösteten Zwiebeln in der Schale mit dem anderen, grob geschnittenen Gemüse, den Kräutern und Gewürzen in den Topf geben und die Brühe zweieinhalb Stunden lang köcheln lassen. Knochen und Zwiebeln herausnehmen, entsorgen. Fleisch und Gemüse herausnehmen, in kleine Stückchen bzw. dünne Scheiben schneiden und als Suppeneinlage verwenden. Die Brühe durch ein feines Sieb in einen anderen Topf abgießen. Wer den Geschmack mag, kann sie mit einem Schuss trockenem Sherry verfeinern.

Wer die Rinderbouillon für ein Fondue braucht, kann das Suppenfleisch im Kühlschrank aufbewahren und dünn aufgeschnitten mit Senf oder Meerrettich auf einer Scheibe frischem Brot genießen. Nach ihrem Einsatz beim Fondue ist die Brühe besonders reichhaltig und eigentlich schon fast ein Suppenfond. Frieren Sie sie ein, dann haben Sie immer schnell eine herrliche Brühe in Reserve und parat, die Sie mit einer Einlage (z.B. Eierstich, Rezept s. S. 84) unerwartet hereingeschneitem Besuch vorsetzen können.

Fischfond

Klingt edel und schwierig, ist es aber gar nicht. Dieser Fond bildet die beste Basis für ein Fischfondue und eine feine Grundlage für Suppen mit Einlage. In der heißen Brühe können Sie frisch gehackten Babyspinat, dünn geschnittenes Gemüse, Fischfiletstücke, Garnelen oder Muscheln garen und kommen auf diese Weise zu einer herrlichen Vorspeise.

Für drei Liter

2½ l Wasser
½ l trockener Weißwein
2 Karotten
½ Bund Staudensellerie
2 kleine Stangen Lauch
1 Bund frische Petersilie
1 TL Fenchelsamen
1 TL schwarze Pfefferkörner
4 Lorbeerblätter
1 Bund frischer Estragon
2 Stängel Zitronengras
2 Nelken
1 Sternanis
Salz
2 Msp Kurkuma
1½ kg Fischkarkassen

Suppengemüse schälen und klein schneiden. In einem großen Topf Weißwein und Wasser zum Kochen bringen, dann das Gemüse zugeben. Kräuter und Gewürze hinzufügen, alles bei schwacher Hitze etwa 25 Minuten lang köcheln lassen. Die Fischkarkassen kalt abwaschen, klein schneiden und in die heiße Brühe einlegen. Alle Zutaten bei kleiner Hitze knapp 15 Minuten garen (nicht länger, sonst wird der Fond bitter), den entstehenden Schaum mit einer Kelle abheben. Die Brühe mit Salz und zwei Messerspitzen Kurkuma abschmecken und durch ein feines Sieb in einen anderen Topf abgießen.

Fischkarkassen gibt es beim Fischhändler. Die Mischung besteht aus Fischgräten, -köpfen und -schwänzen. Achten Sie aber darauf, dass keine Kiemen mit in den Suppentopf wandern! Denn dadurch würde der Fischfond milchig und verlöre seine klare gelbgoldene Farbe.

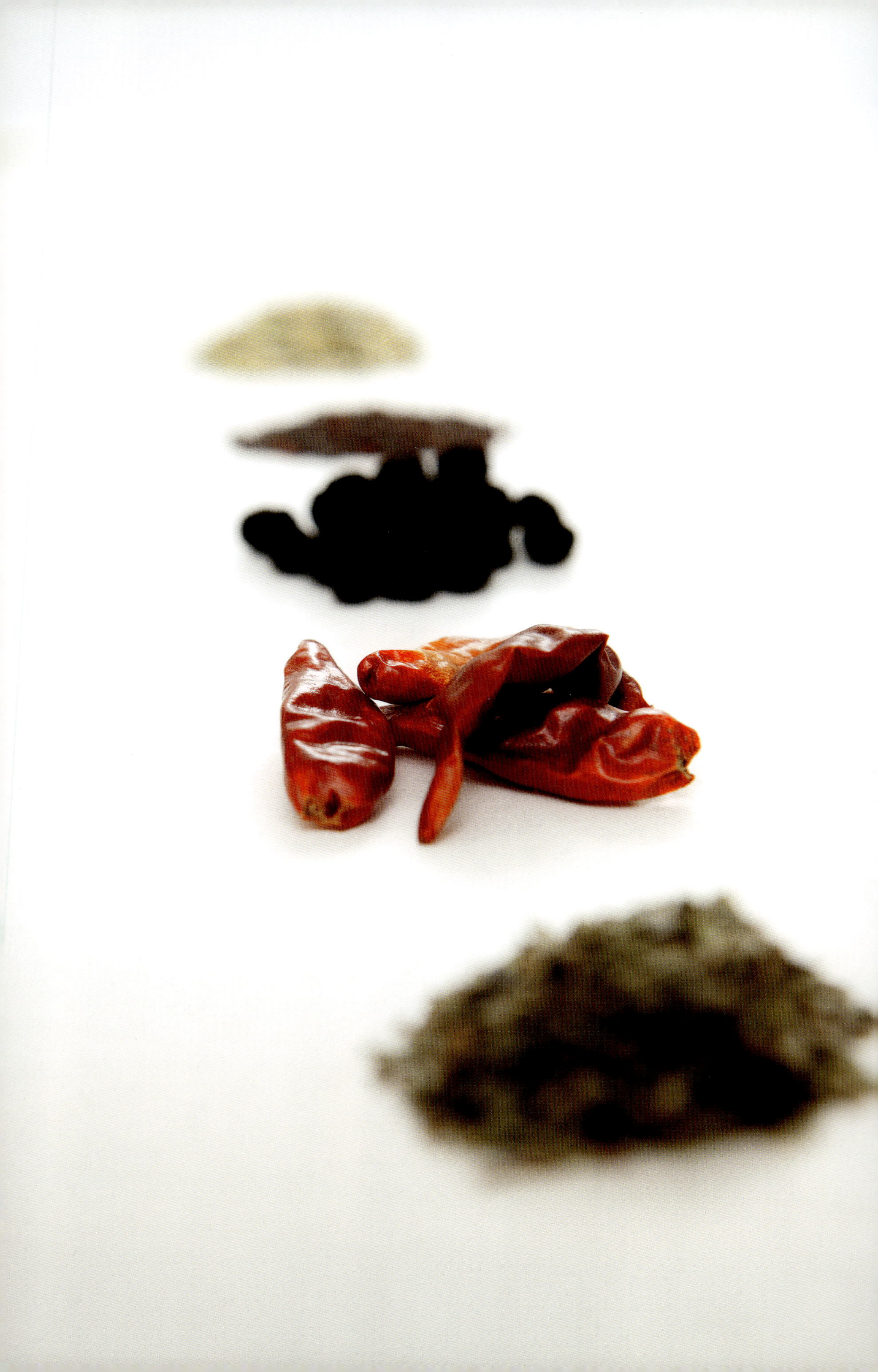

Ohne Salz ist die Suppe nichts, aber Salz allein macht aus Brühe, Suppe oder Eintöpfen auch noch lange kein Suppenglück. Stöbern Sie im Gewürzladen herum, finden Sie heraus, was Ihnen zusagt. Ich bin inzwischen ein richtiger Gewürzfan geworden und begeistert von den unterschiedlichen Aromen und ihrer unglaublichen Vielfalt. Hier ein paar Grundgewürze und Regeln:

Gewürze nie scharf anbraten, denn dadurch geht das Aroma verloren. Besser sanft mitdünsten oder erst am Ende des Kochvorgangs zufügen.

Gewürze mögen es trocken und dunkel, also am besten im Schrank aufbewahren. Kaufen Sie nur kleine Mengen, in der Regel sind 50 Gramm eine gute Haushaltsmenge. Je frischer das Gewürz, desto besser sein Aroma.
Achten Sie darauf, Kräuter und Gewürze mit ätherischen Ölen (Senfsaat, Fenchel, Rosmarin, Thymian, Bockshornklee) nicht zu lange stehen zu lassen, sie bekommen nach einer gewissen Zeit einen muffigen, „ranzigen" Geschmack.

Gewürzmischungen sind kleine Küchenhelfer, weil ihre Aromen in der Regel gut aufeinander abgestimmt sind. Wagen Sie sich trotzdem an einzelne Gewürze und fangen Sie an, auf eigene Faust Kombinationen auszuprobieren. Das macht viel Spaß und Ihre Suppe einzigartig!

Chili

Es gibt unzählige Sorten und Schärfegrade – bei Chili hilft nur eines: Sparsam verwenden, denn zu viel davon lässt sich nur mit geriebener roher Kartoffel oder Milchprodukten mildern. Ich verwende gerne Chiliflocken oder -pulver – beides ist einfacher zu dosieren. Bei Thai-Suppen allerdings liefert die frische Schote (grundsätzlich nur mit Handschuhen verarbeiten!) den unwiderstehlichen Kick.

Ingwer

Verwende ich immer frisch. Die Wurzel ist eine Wunderwaffe für unsere Gesundheit – weshalb das mühsame Schälen und Hacken sich lohnen. Für Crèmesuppen brauchen Sie die geschälte Wurzel nur grob zu hacken, den Rest erledigt der Pürierstab.

Koriander

Liebt man oder mag man einfach gar nicht. Echte Fans genießen das zarte frische Grün gerne löffelweise auf der Suppe. Getrocknete Koriandersaat entfaltet ihr Aroma am besten durch Anrösten in einer Pfanne (s. auch „Karibisches Curry", Rezept S. 169), anschließend am besten im Mörser zermahlen. Gemahlener Koriander harmoniert gut mit Wurzelgemüsesuppen. Sein frisches, süßliches Aroma verfeinert Crèmesuppen, vor allem, wenn Sie noch einen Schuss frischen Zitronensaft zugeben.

Kreuzkümmel

Ihn erkennen Sie mit der Nase: Er hat einen intensiven, fast aufdringlichen Geruch, warm und mineralisch. Im Unterschied zum Kümmel ist der Kreuzkümmel eher grau und weniger gekrümmt. Dieses Gewürz ist ein „Global Player" in den Küchen der Welt (Südamerika, Indien, Thailand, Afrika, Türkei) und Bestandteil vieler Gewürzmischungen.

Kurkuma

Auch Gelbwurz genannt. Ich verwende es in pulverisierter Form. Der leicht bittere, scharfe Geschmack passt gut zu Eintöpfen, und die gelbe Farbe macht einfach gute Laune.

Pfeffer

Auf jeden Fall frisch mahlen. Schlichter schwarzer Pfeffer ist prima, aber trauen Sie sich auch an andere Sorten! Roter Pfeffer, auch „Schinus" genannt, hat eine weiche Beere und ein herrlich fruchtiges Aroma; er passt sehr gut zu Tomaten, Zucchini oder Auberginen. Tellicherry ist eine Pfeffersorte mit nussig-waldigem Aroma, Sichuan- (oder Szechuan-)Pfeffer gibt Eintöpfen eine Zitronennote. Langer Pfeffer (die kleinen Zäpfchen), im Mörser zerstoßen, verleiht Wildgerichten einen orientalischen Touch.

Piment

Die braunen Kugeln (etwas größer als Pfefferkörner) haben eine erdige, leicht nelkenartige Schärfe und sollten immer frisch im Mörser zerstoßen werden. Piment ist (ebenso wie Kreuzkümmel) ein idealer Begleiter deftiger Eintöpfe und Linsensuppen.

Pimentón de la Vera

Das rote Pulver ist ein Knaller für Chili con Carne, Tomaten- oder Gulaschsuppe. Die spanischen Paprikaschoten werden nach der Ernte über Steineichenholz geräuchert und dann ohne Kerne und Stiele zu feinem Pulver vermahlen. Gut sortierte Gewürzläden bieten es in einer milden und einer scharfen Version an.

Vanille

Echte Vanille im Suppentopf hat für mich etwas von Magie: Eine schlichte Kartoffelcrèmesuppe wird mit einer Messerspitze Vanille, Fleur de Sel und ein paar Garnelen oder ein bisschen geräuchertem Lachs zum Festessen. Auch mit Wurzelgemüse harmoniert Vanille besonders gut.

Zimt

Verleiht winterlichen Eintöpfen eine sinnlich-wärmende Note. Linsen, Kürbis, Süßkartoffeln, aber auch Sellerie und Rosenkohl werden mit der feinen Rinde zur Entdeckung. Am besten Bioqualität aus Ceylon kaufen und fein dosieren. Auf jeden Fall aber erst nach dem Kochen in den Topf geben (Stangen überhaupt nur ziehen lassen!), denn Zimt kann bei zu starker Hitze bitter werden.

Guter Zimt und schlechter Zimt – jedes Jahr um die Weihnachtszeit ertönt wieder die Warnung, Zimt sei in größeren Mengen gesundheitsschädlich. Der „Täter" ist das in der Zimtrinde enthaltene Cumarin. Grundsätzlich unterscheidet man zwei Zimtsorten:

Der Ceylon-Zimt stammt aus dem heutigen Sri Lanka, Sie erkennen ihn an seiner hellbraunen Farbe. Die dünnen Stangen sehen aus wie getrocknetes, aufgerolltes braunes Papier.

Ganz anders der Cassia-Zimt, der in der Regel aus China zu uns kommt. Seine dicke Rinde hat ein kräftiges Braun und ist viel derber. In den meisten Fertigprodukten wird der billigere Cassia-Zimt verwendet. Im Gegensatz zum Ceylon-Zimt besitzt er einen hohen Cumarin-Anteil. In hohen Dosen verabreicht, kann Cumarin Kopfschmerzen verursachen und die Leber schädigen.

Entscheiden Sie sich also beim Einkaufen für (den teureren) Ceylon-Zimt, dann können Sie dieses wunderbare Gewürz unbedenklich einsetzen und genießen.

Cajun-Gewürzmischung
rund 40 g

1 EL Fenchelsamen
3 EL schwarze Pfefferkörner
2 EL Senfkörner
½ Espressolöffel Chiliflocken
2 EL Thymian, getrocknet
1 EL Oregano, getrocknet

Die Gewürze in einer beschichteten Pfanne anrösten, bis sie duften. Dann mit Thymian und Oregano im Mörser zerdrücken und in ein luftdicht schließendes Glas füllen.

Mit Öl können Sie aus der bodenständigen, scharfen Mischung eine perfekte Grillmarinade anrühren, außerdem verwende ich Cajun auch für Eintöpfe wie Chili con Carne.

Currypaste

1 Espressolöffel Koriander, gemahlen
½ Espressolöffel Kurkuma, gemahlen
1-2 Knoblauchzehen, fein gehackt
¼-½ Chilischote – je nach Schärfegrad, fein gehackt (Handschuhe!)
½ Espressolöffel schwarze Senfsaat, im Mörser zerstoßen
¼ Espressolöffel Kreuzkümmelpulver
½ Espressolöffel Cayennepfeffer, gemahlen
¼ Espressolöffel gemahlener schwarzer Pfeffer
1 Espressolöffel Meersalz oder Fleur de Sel

Die Gewürze mit ein bis zwei Esslöffel Öl anrühren – die Menge entspricht einem halben Esslöffel fertiger Currypaste, ist aber geschmacklich intensiver.

Garam Masala
für zwei Säckchen

5 g Fenchelsaat
5 g grüner Kardamom in der Kapsel
5 g grüne Pfefferkörner
5 g Koriandersaat
3 g Anissamen
¼ Stange Tahiti-Vanille

Fenchelsaat, grünen Kardamom in der Kapsel, grünen Pfeffer, Koriandersaat und Anissamen in einer beschichteten Pfanne kurz anrösten. Dann die Gewürze in einem Mörser grob zerstoßen, die Vanillestange der Länge nach aufschlitzen, in zwei Stückchen teilen und zugeben. Diese Mischung fülle ich in zwei Teefilterbeutel und binde diese oben mit Zwirn zu. Ein solches Säckchen wandert dann in die Suppe, die Gewürze können dort ihr Aroma entfalten, und vor dem Servieren fischt man das Säckchen einfach wieder heraus.

Gewürzmischung „Sesam, öffne Dich"

200 g schwarze Sesamsaat
1 TL Meersalz

Den schwarzen Sesam in einer beschichteten Pfanne anrösten, bis er duftet. Dann den noch warmen Sesam in einem Mörser (am besten aus Porzellan) anquetschen und mit dem Salz vermischen. Die Gewürzmischung ganz auskühlen lassen, in ein sauberes Glas füllen und am besten mit einem Korken verschließen. So bleibt „Sesam, öffne Dich" sechs Monate lang haltbar.

Diese Gewürzmischung war meine erste eigene Gewürzkreation im Laden. Sie entstand aus dem japanischen Gomasio, das mir aber geschmacklich zu langweilig war. Inzwischen habe ich verschiedene „Sesam, öffne Dich"-Mischungen auf der Basis von schwarzem Sesam und Salz beispielsweise mit Cayennepfeffer oder Schwarzkümmel verfeinert. Eine warme, aromatische, fein nussige Mischung: Aufs Butterbrot, zum Gemüse, an Wintersalate, über die Nudeln oder zum Panieren von hellem Fleisch oder Thunfisch …

Karibisches Curry
etwa 50 g

3 EL Koriandersaat
2 TL Kreuzkümmel, ganz
3 EL Kokosraspeln
1 TL schwarze Senfsaat

Diese Zutaten bei kleiner Hitze in einer beschichteten Pfanne anrösten, bis sie duften und die Kokos-Raspeln eine goldbraune Farbe angenommen haben. Die Gewürzmischung anschließend in einem Mörser zerstoßen und gut mit den folgenden gemahlenen Gewürzen vermischen:

1 TL feines Meersalz
1 TL Cayennepfeffer, gemahlen
1 TL Knoblauch, gemahlen
1 EL Kurkuma, gemahlen
½ Espressolöffel Vanille, gemahlen

Das Karibische Curry gehört zu meinen Lieblingsmischungen. Mit etwas Crème fraîche können Sie daraus im Handumdrehen einen würzigen Brotaufstrich zaubern. Auch auf Bratkartoffeln, dem Frühstücksei oder Omelette sowie zu Geflügel und Fisch macht der Karibische Kick sich fantastisch!

Liebesschwur
für circa 50 g

10 g Kreuzkümmel
10 g Fenchelsaat
10 g Pastinaken, getrocknet
5 g Schwarzkümmel
5 g Bockshornklee
8 g braune oder schwarze Senfsaat
2 g Vanille, gemahlen

Alle Zutaten (außer der Vanille) bei kleiner Hitze in einer beschichteten Pfanne anrösten, bis sie ihren Duft entfalten. Dann im Mörser fein zerstoßen oder mit einer von Ihnen zur Gewürzmühle umfunktionierten Kaffeemühle mahlen. Die Mischung zum Schluss mit der Vanille abrunden.

Quatre Epices

1 g gemahlene Nelken
3 g Muskat, frisch gerieben
4 g Ingwer, gemahlen
2 g schwarzer Pfeffer/Tellicherry-Pfeffer

Besorgen Sie sich einfach die Einzelgewürze. Nelken sind sehr intensiv und scharf, also in der Küchenverwendung ein Prisengewürz.

Diese französische Gewürzmischung eignet sich besonders gut für Linsengerichte, Wildgerichte und Rotkohl. Sie können aber auch Punsch und Gebäckteig damit verfeinern.

Alle Gewürzmischungen können Sie auch online bestellen unter:
www.susaonline.de

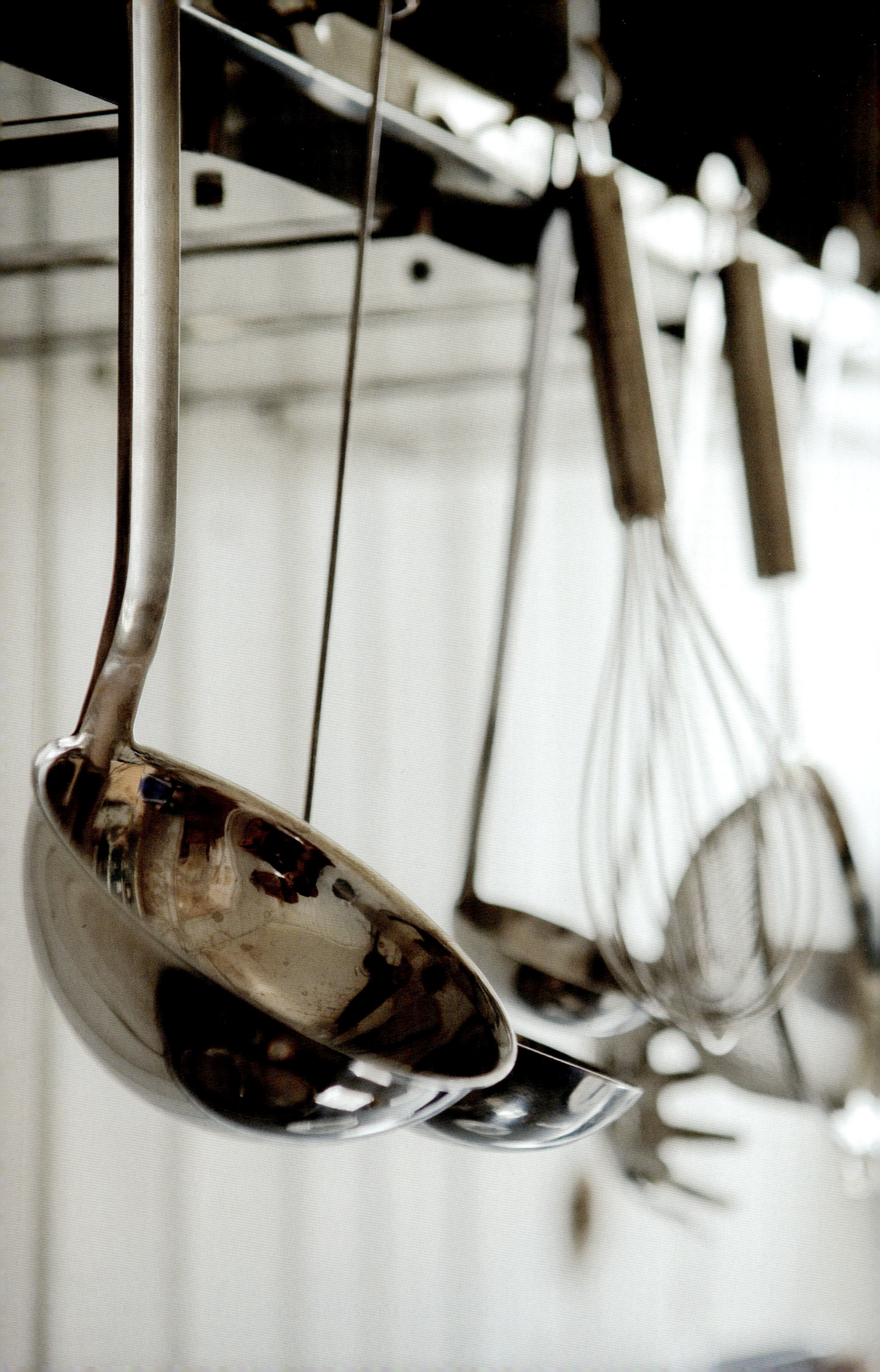

Damit Ihr Suppenverhältnis spannungsfrei und glücklich ist, hier ein paar wichtige Tipps, die Sie beachten sollten.

Suppe braucht Platz: Verwenden Sie für vier Personen am besten einen Topf mit mindestens drei Litern Fassungsvermögen, noch mehr ist in diesem Fall noch besser. Dann kann Ihre Suppe sich entfalten und Sie unbeschwert arbeiten, ohne dass Ihr Herd sich in einen „Suppensee" verwandelt.

Suppe mag es „scharf": Geschliffene Messer, Schäler, ein Pürierstab mit scharfem Aufsatz, hoher Watt- und Drehzahl: Das sind Küchenhelfer, die Spaß machen, weil sie uns die Arbeit erleichtern.Ein zusätzlicher Standmixer ist sicherlich ein Luxus – für Fans von Crèmesuppen jedoch ein „Wundertäter", weil Sie damit bei Ihren Suppen auch ohne Sahne oder Mehl eine wunderbare Konsistenz erzielen. Eine Küchenmaschine mit scharfen Messern (und diversen Einsätzen, um Gemüse in Scheiben zu schneiden oder harte Meerrettichwurzeln fein zu raspeln) spart Kraft und Zeit.

Suppe ist manchmal durchgedreht: Ein Passiersieb oder eine „Flotte Lotte" hält Schalen oder Spelzen zurück (bei Gemüse wie Mais, Artischocken, Tomaten oder Paprika) und bietet ein gutes Training für die Oberarme.

Suppe braucht oft eins auf den Deckel: Der Deckel auf dem Topf spart Energie und „macht der Suppe Beine". Fazit: Mit Deckel gibt's meistens schneller etwas zu essen.

Suppe mag Saft: Wer einen Entsafter besitzt, sollte seine Bouillons zart einfärben: Frischer Karotten- oder Rote-Bete-Saft eignet sich am besten. Damit wertvolle Vitamine und Mineralstoffe erhalten und die Farbe frisch bleibt, ganz zum Schluss ein Stamperl frischen Saft dazugeben. Frischer Ingwersaft kann eine Hühnerbrühe zusätzlich „verschärfen".

ALPHABETISCHES REZEPTVERZEICHNIS

Apfel-Curry-Suppe mit Rote-Bete-Sprossen und gebratener Entenbrust	48
Apfel-Kartoffel-Crèmesuppe mit Rotkohlbett und geröstetem Speck	40
Apfel-Sellerie-Suppe mit schwarzem Sesam	130
Artischockencrèmesuppe mit Dill	134
Asiatische Acht-Schätze-Suppe	140
Avocado-Meerrettich-Crèmesuppe mit Mango-Limetten-Topping	144
Bohnen-Apfel-Eintopf mit Nelken und Hackfleischbällchen	70
Brokkolicrèmesuppe mit gerösteten Zimtmandeln	60
Egerling-Rahmsuppe mit Brezenknöderln	86
Erbsen-Minze-Suppe mit Joghurthäubchen	22
Fenchel-Fischsuppe mit Anis	32
Geeiste Melonen-Mango-Chili-Kaltschale mit geräucherter Forelle	102
Gemüseeintopf Provençal mit Lavendel	20
Goldene Maiscrèmesuppe mit Chiliflocken	30
Graupeneintopf mit Ras el-Hanout	96
Grieß-Dill-Nockerl in Gemüsebouillon	98
Grüner Eintopf mit Wirsing und Senf	56
Gurken-Dill-Eintopf mit Garnelen	124
Gurken-Senf-Kaltschale mit Hüttenkäse und Minze	114
Herbsteintopf mit Schweinefilet und Senf	66
Hochzeitssuppe mit Tomaten, Ingwer und Garnelen	148
Hühnersuppe mit Zitronengras und Wintergemüse	88
Ingwerbouillon mit Soba-Nudeln und Huhn	50
Italienische Kartoffelsuppe mit Rucola und Parmesan	12
Karibische Kartoffelsuppe mit frischer Ananas und Koriandergrün	80
Karotten-Kefir-Curry-Shot	128
Karotten-Mango-Basilikum-Suppe mit Cajun-Hühnchen-Spieß	16
Karotten-Maronen-Suppe mit Rosmarin	38
Karotten-Orangen-Suppe mit Kardamom und frischen Sprossen	62
Kartoffel-Buttermilch-Eintopf mit Sauerampfer	112
Kartoffel-Kokos-Curry-Shot	110
Kartoffel-Meerrettich-Topf mit Zitrone und geräucherter Forelle	76
Kartoffelsuppe mit Wiener Würstl	94
Kerbel-Kokos-Suppe	18
Kohlrabi-Kokos-Eintopf mit Zitronenmelisse	14
Kürbissuppe mit Birne und Zimtsahne	72
Lauch-Kokos-Suppe mit Cayennepfeffer und Dattel-Speck	74
Lauchsuppe mit Schinken und Olivencroutons	108

Linseneintopf mit getrockneten Tomaten, Piment und Pfeffer	78
Paprika-Rhabarber-Suppe mit Ingwer	132
Pastinakensuppe mit Muskat und gerösteten Pekannüssen	44
Pfannkuchensuppe mit Sesam und Karotten	92
Pot-au-feu mit Kaninchen, Zucker- und Okraschoten	150
Rinderbouillon mit Spinateierstich	84
Romanescoschaum-Suppe mit Limetten und gerösteten Semmelbröseln	104
Rosenkohl-Curry-Suppe mit Koriandergrün und Garnelen	42
Rostbratwürstlsuppe mit Gemüse, Ingwer und Piment	116
Rote-Bete-Himbeer-Shot	142
Rote-Bete-Suppe mit Wasabi-Sahne	52
Rote Linsencrèmesuppe mit Kreuzkümmel, Koriander und Vanille	54
Roter Fischtopf	106
Schwarzwurzelcrèmesuppe mit Vanille-Sesam-Häubchen	36
Sommergemüse-Eintopf mit Kalbsbrät-Kräuternockerln	24
Sommerlicher Fischeintopf mit frischem Dill	138
Spargelcrèmesuppe mit Schinkenwelle	126
Spargel-Lachs-Topf mit Chili und Kerbel	146
Süßkartoffeleintopf mit Karotten und Chili	68
Tafelspitzsuppe mit Marktgemüse	90
Thai-Muschel-Kokos-Suppe	152
Tomatencrèmesuppe mit getrockneten Aprikosen, Salbei und Olivenbrot-Croutons	34
Tomaten-Erdbeer-Shot mit Basilikum	120
Tom Ka Gai mit Zitronengras, Chili und Huhn	58
Wurzelsuppe mit Liebstöckel	26
Zucchini-Limetten-Suppe mit Lauchsprossen	122

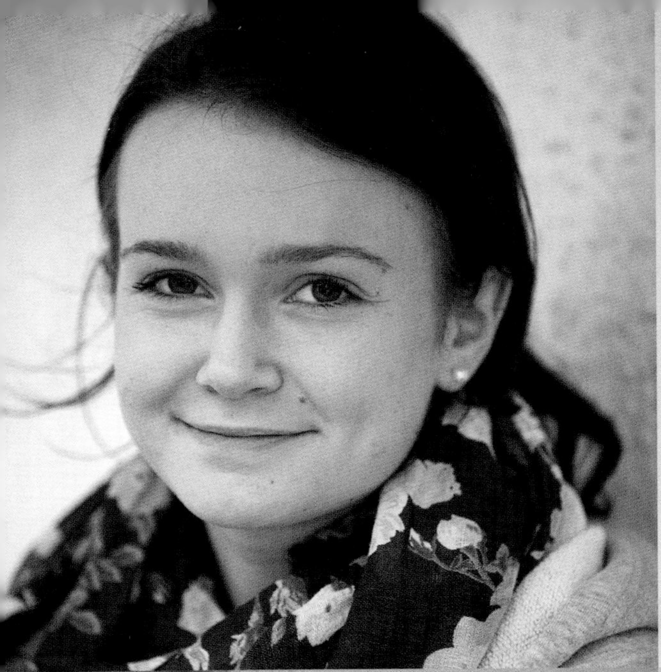
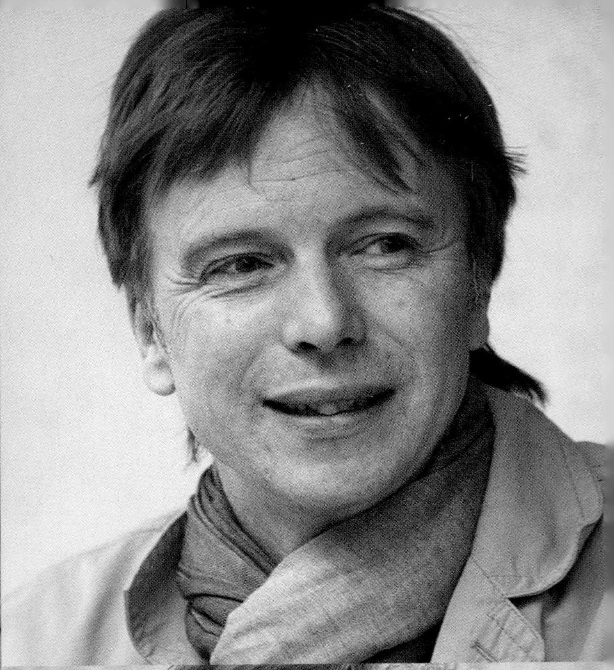
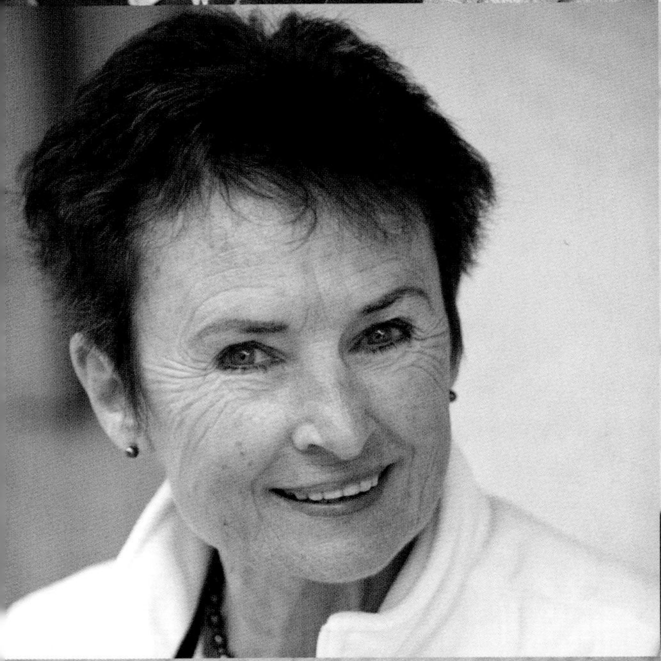
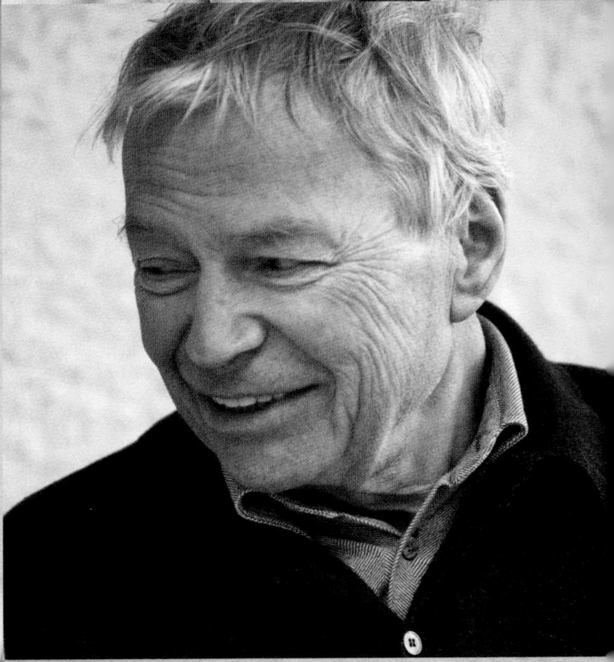
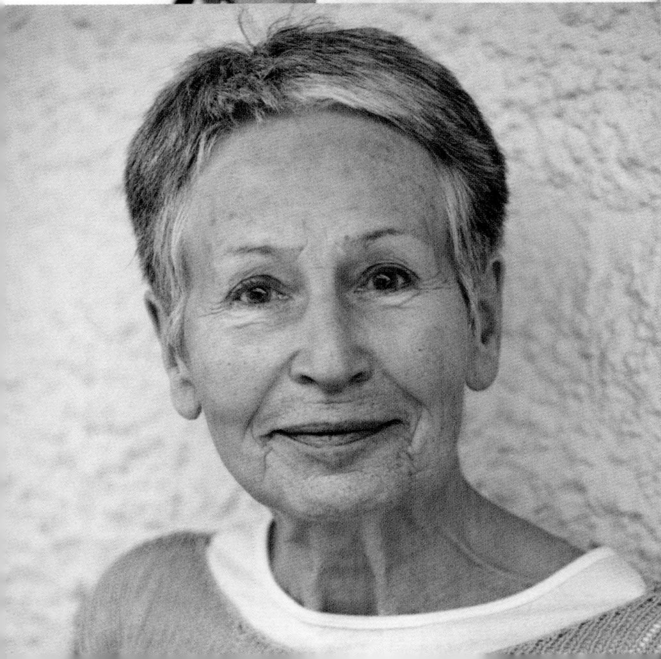
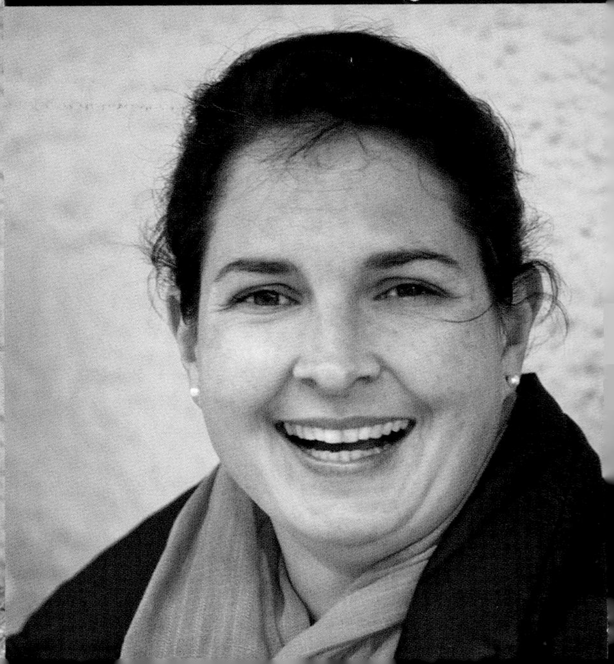

DANKE 175

Mein Suppenglück hat viele Gesichter:
Danke, danke, danke! Ohne diese Menschen gäbe es unseren
Suppenladen und damit auch dieses Buch nicht.

Meine Tochter Sarah Riker ist inzwischen „Junior-Chefin" geworden und arbeitet in unserem Familienbetrieb mit, sooft sie kann. Sie ist mit mir durch „dick und dünn" gegangen und weiß, wie viel Handarbeit und Mühe in so einem Laden stecken. Sie ist – eigentlich unglaublich – bis heute ein Suppenfan geblieben!

Mein Partner Stefan Parrisius hat die Idee, einen Suppenladen zu eröffnen, mit eingebrockt und löffelt seitdem täglich die Suppe mit mir aus. Er ist der Meister des Suppenbüros, der Chef der Computerprogramme und mein Anker im Alltag. KEINER hat mehr Geduld und Liebe aufgebracht und mich immer wieder zum Weitermachen ermutigt.

Meine Mutter Maria Rohde, ein unglaubliches Energiebündel, hat mir gezeigt, was echte Experimentierfreude und Ausdauer sind. Als „Vorbereitungsfeuerwehr" bei spontanen Catering-Einsätzen stellt sie uns alle in den Schatten. Ohne ihre Unterstützung und die vielen, vielen Arbeitsstunden wäre der Laden nicht das, was er heute ist!

Mein Vater Rainer Rohde hat sich sicherlich niemals träumen lassen, dass er als Ruheständler seinen Arztkittel gegen Suppenschüsseln und die Spülmaschine tauschen würde. Sein Esprit, seine Fragen, sein Humor und seine Anteilnahme stärken mir immer von neuem den Rücken.

Meine Schwiegermutter Ursel Parrisius wollte zu Anfang eigentlich „nur die Aschenbecher ausleeren". Wenn sie mit ihren fast Mitte 70(!) donnerstags nach dem Yoga zum Mittagsgeschäft in den Laden kommt, verströmt sie eine wunderbare Energie und beschenkt unsere Gäste mit ihrem bezaubernden Charme.

Marion Müller hat den Suppengeist aufgesogen wie ein Schwamm und ist mir eine wunderbare Kollegin und Freundin geworden. Ihr unschlagbarer Witz, ihr liebevolles Wesen, ihr Fleiß und ihre Zuverlässigkeit machen den Suppenalltag bunt und geben mir die Chance, auch einmal aufzuatmen.

Ganz herzlichen Dank auch an Jana Vaclavikova, die bei uns immer für Sauberkeit sorgt, und natürlich an Franziska Hilscher, das beste „Nachwuchs-Suppengirl".

Mein Dank auch an das „Suppenglück"-Buchteam Katharina Kühn, Celina Stromeyer und Patrick Wittmann für Ausdauer, Stärke, Kompetenz und viel Spaß, sowie an meine Verlegerin Antje Kunstmann und den Verlag, sie haben dieses Buch überhaupt erst möglich gemacht.

Natürlich auch an Brigitte Klüsener und meine Kollegen vom Elisabethmarkt. An Heike Simon, Hubertus Gerleit, Inge Haselsteiner, Agnes Huber, Isabella Tsiolis und an alle meine Gäste im Suppenladen. Diese Menschen haben mit ihren verschiedenen Talenten und ihrer Tatkraft dazu beigetragen, das Suppenglück in den Laden und die Welt zu bringen.

IMPRESSUM

© Verlag Antje Kunstmann GmbH, München 2010
Typografie und Gestaltung: PURE AGENCY®, München
Fotografie: Patrick Wittmann c/o Celina Stromeyer
Lithografie: Reproline Genceller, München
Druck und Bindung: Gmähle-Scheel, Waiblingen
ISBN 978-3-88897-687-2